AF389816

LES
SÉRAILS
DE PARIS.

JUSTINE PÂRIS.

LES SÉRAILS DE PARIS,

OU

VIES ET PORTRAITS

DES DAMES

PARIS, GOURDAN, MONTIGNI,

Et autres appareilleuses :

Ouvrage contenant la description de leurs Sérails, leurs intrigues, et les Aventures des plus fameuses Courtisannes ; le tout entremêlé de réflexions et de conseils pour prémunir la jeunesse et les Etrangers contre les dangers du libertinage.

TOME DEUXIEME.

A PARIS,

Chez **HOCQUART**, Libraire, rue Saint-André-des-Arcs, no. 121.

AN X. — 1802.

ERRATUM.

Page 138, ligne 13, au lieu de 35 ans, *lisez* 15 ans.

LES SÉRAILS DE PARIS.

CHAPITRE PREMIER.

Tableau des Femmes du monde, divisé par classes, suivant leur beauté, leurs talens et leur fortune, d'après les observations d'un amateur.

Un homme de qualité d'une des provinces méridionales de la france, prêchoit aux filles publiques qui ne l'écoutoient guères: elles prenoient son argent, rioient de ses sermons, et continuoient leur train de vie. Pour moi je ne prêche à personne, mais je suis occupé depuis quelque temps à suivre toutes ces créatures avec la plus grande assiduité. Je n'éxerce pas chez elles l'apostolat, mais j'étudie leur morale, je tache de connoître à fonds leurs différens caractères. J'ai même contracté quelques liaisons avec des filles entretenues du plus haut rang, qui me permettent d'aller jaser avec elles une demie heure à leur toilette. Je passe plusieurs soirées dans la semaine à parcourir les allées les plus détournées, les plus sombres bosquets de nos promenades, de nos jardins publics, pour trouver a converser avec toutes ces beautés nocturnes qui cherchent des aventures : je me promène très-souvent la nuit dans la rue St. Honoré, dans les traverses qui aboutissent dans le circuit de la halle au bled, et dans tous les quartiers renommés où ces sortes de rencontres sont les plus frequentes.

C'est dans ces courses diverses que j'ai observé que le libertinage des femmes publiques, n'a pas toujours sa source dans la lubricité : quelques unes d'entr'elles ont été sans doute plongées dans la débauche, par la violence d'un tempérament impétueux ; par l'impossibilité de vaincre la nature, et de dompter des desirs effrenés qui, au lieu de s'amortir, s'irritent par la jouissance ; mais la pauvreté, la puissance du luxe, la gêne, les degoûts domestiques, les mauvais traitemens des parens, l'amour sincère, trahi par un amant perfide, la jeunesse abusée par l'art infernal des Matrones ou Mères-Abbesses, sont les causes de la perte du plus grand nombre de ces infortunées. Pendant près de six mois, que j'ai consacrés à l'étude de cette espèce de femmes ; j'ai recueilli une foule innombrable d'aventures, qu'elles racontent presque toujours avec bonne foi et naiveté, quelque fois même avec esprit et avec bonne grace. J'ai reconnu, que la plus-part d'entr'elles, avoient été entrainées par quelqu'un des motifs que je viens de rapporter. Je ne prétens point me rendre leur apologiste : j'ai rencontré parmi elles une foule de caractères, vraiment méprisables et odieux ; mais aussi je puis dire, avec verité, que j'en ai trouvé quelques unes d'estimables dans leur genre, et d'autres qui étoient plus dignes de compassion que de mépris. Cette classe de femmes est le rebut d'une excellente marchandise, dans lequel, par une triaille exacte, on peut trouver encore des morceaux de quelque valeur.

Les femmes du monde, peuvent être divisées en differentes classes, qui sont même susceptibles de plusieurs subdivisions : en voici le tableau exact.

La premiére classe est celle des femmes mariées du haut, du moyen, et du bas étage, qui se livrent, par interêt ou par ambition, à de grands ou à des personnages considerables, ou qui tirent d'un ami de la maison, pour lequel elles ont des bontés, de quoi fournir à leur faste, à leur luxe, et à leurs caprices : leurs déréglemens sont soufferts, souvent même autorisés par des maris complaisans, qui en partagent les bénéfices ; quelques unes de ces femmes acquièrent et conservent un certain credit, qu'elles vendent, assez communément, aux gens qui ont la bassesse de s'adresser à elles, pour obtenir ou usurper des graces.

On peut ranger dans la seconde classe, celles qui sont attachées aux differens théatres, soit comme actrices, soit comme danseuses ou figurantes, filles de chœur, etc.

Nous prions nos lecteurs, de faire attention, que nous n'entendons pas comprendre, dans cette classe, toute comédienne quelconque, il y en a de très-honnêtes, nous rendons l'hommage dû à la vertu.

La prostitution de ces femmes nuit infiniment aux hommes qui exercent la même profession : je la régarde, comme la véritable source du mépris public et de l'avilissement, dans lequel a long-temps été l'état de comedien; avilissement injuste, tant qu'il a pesé sur l'état de comédien en général, et par conséquent, sur les comediens vertueux, comme sur les pervers.

Les femmes entretenues, forment la troisième classe, et sont subdivisées en filles, ayant maison meublée, équipage; filles ayant appartement meublé, équipages à elles et chevaux de rémise; filles dans leurs meubles, sans équipages; filles entretenues en chambre garnie; filles établies en menage avec leurs enteneurs; et filles gouvernantes, vivant avec des garçons, et qu'on peut appeller servantes-maîtresses.

C'est dans ces trois premières classes, que j'ai trouvé les plus mauvais caractères. L'ambition, l'orgueil, l'arrogance, l'avidité, l'escroquerie, la fausseté, la ruse, la simulation, l'infidélité, la trahison, la noirceur, la cruauté même, sont les vices qu'elles réunissent presque toutes, et si elles ne les manifestent pas, ce n'est que faute d'occasion ; ce sont des Circès enchanteresses, qui emploient tous les artifices imaginables, pour séduire, attirer et ruiner complette-ment, un malheureux qui tombe dans leurs filets, et qu'elles chassent sans pitié quand elles l'ont pressuré, de manière à n'en pouvoir plus rien extraire.

Tout le monde a vu ou entendu parler du faste insolent de feu Mlle Deschamps; les falbalas de dentelles d'Angleterre, qui bordoient les bour-relets de sa chaise percée ; le corbil-lard, dans lequel elle fit porter sa mère à la sépulture, et la voiture avec les harnois en *stras*, qu'elle avoit fait faire pour Long--Champs, et dans laquelle le Lieutenant-de-po-lice lui défendit de se montrer. Per-sonne n'ignore toutes les fripponne-ries qu'elle a faites durant sa vie, et l'état de misère et d'oprobre dans le-quel elle a fini sa carrière.

Je citerai deux traits d'escroquerie d'une fille, à laquelle le goût passager d'un grand a donné de la célébrité. Monsieur de Blausseman, homme d'une laideur extrême, fît un jour gageure d'obtenir, pour cinquante louis, les faveurs de Mlle de Vambre. Il lui envoya la somme, et lui demanda un rendez-vous. La Courtisanne lui donna un très-bon soupé, et lui dit de se mettre au lit, pendant qu'elle feroit sa toilette. Cet amoureux en fît lui même une très recherchée, se parfuma, mît un magnifique bonnet-de-nuit, bordé de dentelle, et attaché avec un ruban, couleur de rose, qui faisoit ressortir encore plus toute sa difformité. A peine fût-il couché, que Mlle de Vambre prît deux flambeaux, s'approcha du lit, considera bien le galant, tout étonné de cet examen, et lui dit : *Monsieur, ça n'est pas possible, je ne pourrai jamais m'y resoudre.* Elle le força de se lever, de s'habiller, fît venir un fiacre, et le renvoya impitoyablement chez lui, sans lui rendre son argent.

Un financier, homme d'un âge avancé, d'une figure grotesque, de la plus repoussante malpropreté, et épris des charmes de cette même personne, lui demanda un tête-à-tête, et accompagna le billet doux, d'un collier de diamans, dont elle avoit grande envie, et qu'elle avoit même marchandé quelques jours auparavant. Elle le fît prier à déjeuner le lendemain, et quand il voulût user des droits, qu'il croyoit avoir bien achetés, elle l'assura qu'elle aimoit tendrement le collier qu'elle tenoit de lui, mais qu'elle ne sauroit avoir le moindre goût pour sa très-dégoutante personne: elle garda le collier, et éconduisit le galant, sans lui accorder la plus petite faveur.

Une autre fille, pour qui un seigneur avoit un caprice, voulût tirer parti de cette bonne fortune. Elle s'entendit avec un huissier, et pen-

dant que ce seigneur etoit chez elle,
se fît apporter une sentence et un ex-
ploit pour la saisie de ses meubles; elle se jetta toute éplorée aux pieds
du seigneur, et le conjura de vou-
loir bien la tirer de l'embarras où
elle se trouvoit, pour une dette d'en-
viron deux cens louis. Le seigneur
qui se douta de cette fripponnerie,
fût piqué de ce que cette fille, ne
se rapportant pas à sa générosité,
avoit voulu le mettre à contribution;
il feignit de la consoler, dit à l'huissier de differer l'exécution de vingt-
quatre heures, et l'assura qu'il ar-
rangeroit cette affaire d'une manière
convenable. Il revint le lendemain
chez la fille, lui apporta un arrêt
de défense, et lui dit qu'il n'avoit
rien imaginé de mieux pour la mettre à l'abri des poursuites de ses
créanciers.

Ces anecdotes sont des échantil-
lons de tous les vices que j'ai mis sur
le compte des femmes entretenues;
la vie des courtisannes célèbres en

fourniroit une foule d'autres, qu'il seroit trop long de rapporter.

La quatrième classe des femmes du monde est celle des bourgeoises, des ouvrières et des filles de boutique, qui après avoir fini leurs journées vont sourdemeut passer la soirée chez des mères - abbesses. Le luxe est la seule et unique source du libertinage de ces sortes de femmes. Les divers métiers qu'elles exercent dans le jour, leur fournissent le nécessaire animal ; et elles vont chercher le soir de quoi fournir à la dépense de la parure dont le luxe de tous les états a fait un véritable besoin. La vaste étendue de Paris leur donne mille facilité de dérober à leurs parens et à leurs connoissances l'irrégularité de leur conduite : leurs déréglemens se perdent dans le chaos d'une ville immense ; elles conservent tous les dehors de l'honnêteté et de la décence, et trouvent à se marier, aussi bien que si elles avoient vécues comme des vestales.

La cinquième classe comprend les filles publiques en chambre garnies, ne raccrochant point. Elles distribuent et font distribuer des adresses; elles vont chercher des pratiques aux différens spectacles , elles vont passer la soirée ou la nuit chez des mères - abbesses célèbres qui les appellent au besoin , et les transforment en petites marchandes, en ouvrières , en villageoises nouvellement débarquées , suivant le goût et les demandes des différens amateurs.

Les filles établies dans les sérails forment la sixième classe , elles sont logées , nourries , blanchies, coëffées aux dépens de la matrône, qu'elles appellent la mère. Celle - ci est outre cela obligée de leur fournir tous les habillemens qui leur sont nécessaires jusqu'aux chemises ; elles travaillent pour le compte de la mère et n'ont pour elles d'autres bénéfices que les rubans, c'est le terme technique par lequel on entend les

générosités

générosités du *miché*, * ou chaland, ou couchant. Ces petits profits sont encore souvent destinés à l'achat des souliers.

Dans la septième classe enfin, sont les raccrocheuses : il y en a de plusieurs espèces ; les filles qui font raccrocher, ou raccrochent elles-mêmes pour le compte de la matrône. Elles sont obligées de partager le profit avec elle, de lui payer en outre trois à quatre francs pour

---

* J'ai conservé ce terme comme d'une énergie difficile et même impossible à rendre autrement : il exprime, de la façon la plus méprisante, la vilité du rôle que joue dans les mauvais lieux un homme qui n'y reçoit du plaisir qu'en proportion de l'argent qu'il donne. Les filles appellent *bon miché*, celui qui paie bien ; *mauvais miché*, celui qui paie mal ; *sot miché*, celui qui n'a pas le ton ou les allures du lieu où il se trouve.

leur logement et leur nourriture ; il y a , outre cela , les raccrocheuses qui font raccrocher par leurs bonnes, ou raccrochent elles-mêmes , et conduisent les pratiques chez elles et pour leur compte. On peut aussi comprendre dans la même classe les raccrocheuses honteuses dont les unes raccrochent pour l'absolu besoin , les autres pour le superflu , celle-ci ne s'arrêtent point dans les rues. On les voit rarement dans les grandes allées des promenades : elles se tiennent à l'écart et dans les lieux les plus obscurs ; elles ne s'adressent jamais aux jeunes gens , et n'attaquent guères que des hommes d'un âge avancé : elles ont le costume et le ton de l'honnêteté ; elles se livrent difficilement , et sont toujours contenues par la crainte d'une maladie dont elles n'auroient pas les moyens de se faire guérir , ou de la police dont elles redoutent la juste sévérité.

Je ne puis que jeter un voile sur la dernière classe des femmes prostituées, appelées *pierreuses*. Elles ne méritent pas d'entrer en ligne de compte : mon pinceau se refuse à cette peinture, qui n'offriroit que des objets hideux, capables de dégrader entièrement le tableau.

C'est dans les trois dernières classes des femmes du monde, que l'on trouve peut-être ce qu'il y a de plus charmant, pour le physique, et de moins méprisable dans la moralité. C'est-là où l'on rencontre quelquefois l'esprit, les graces, la naïveté, l'ingénuité, la bonne foi, la bonté du cœur et la générosité : c'est-là qu'on voit des malheureuses qui ont été précipitées dans l'abîme du libertinage par des revers, et un enchaînement d'événemens funestes, qui gémissent de leur état, et desirent sincèrement de s'en tirer : c'est-là où un obervateur apperçoit, moins rarement qu'on ne pourroit croire, le développement de plusieurs vertus, qui doivent forcer les honnêtes gens à plaindre ces infortunées.

B 2

Nous aimons à citer à l'appui de ces propositions, un auteur connu par la manière franche, loyale, vraie et originale avec laquelle il a écrit ses observations sur les mœurs de Paris.

« L'oubli des lois de la pudeur, dit Mercier, n'a pas éteint, chez quelques filles publiques, des vertus qu'on aime à retrouver encore dans leur sexe. Plusieurs sont pitoyables, charitables, et donnent jusqu'à leurs jupes, pour aider leurs compagnes ».

« Plusieurs, dans cet état de dégradation, sont sensibles à la honte, et, lorsqu'on les condamne à l'Hôpital, elles frémissent à cette idée ».

« On en a vu, au moment de la sentence, prendre un couteau et dire : Je me frapperai, si j'y suis condamnée, et, au moment de la condamnation, se frapper à coups pressés ».

« L'Hôpital, où on les enferme, ne contribue pas à épurer leurs mœurs; elles en sortent plus dissolues, car il n'y a rien de plus fatal pour les femmes, que l'exemple, et de plus communicatif que le grand libertinage. On met à l'Hôpital trop légèrement : celle qui n'a effleuré le vice que du bout du pied, désapprend à rougir, et ne craint plus d'enfoncer jusqu'à mi-jambe ; alors le calus se forme et il n'y a plus, pour elle, de retour à l'honnêteté ».

« On a vu, de la part d'une raccrocheuse, un trait de probité rare. Un homme à porte-feuille avoit laissé le sien à côté d'elle ; elle l'ouvre, il contient des billets de la caisse d'escompte ; il y en avoit pour soixante mille livres. En s'apropriant cette valeur, sa fortune étoit faite, mais, non ! elle sort de son triste réduit, va trouver le chef de la police, et lui remet le porte-feuille entier. Le magistrat s'étonne ; mais il fut bien plus surpris, lorsqu'il sut, de la bouche de la fille, qu'elle connoissoit très-bien la valeur de ces billets, et la facilité qu'elle auroit eue de les

B 5

metamorphoser en argent, sans qu'on pût lui rien dire. Une telle déclaration, de la part d'une fille misérable, étoit faite pour intéresser, car beaucoup d'honnêtes gens, à sa place, auroient profité de la trouvaille. L'homme au porte-feuille, revenu de sa distraction, courut bien vîte à la police, et fut bien surpris, bien joyeux, de ravoir tous ses effets. Il laissa dix mille francs à la pauvre fille, qui, renonçant au métier, accepta le don légitime ».

A ce trait rare, j'en ajouterai deux dont je connois les personnages. Une de ces filles a plusieurs fois rendu des montres, des bijoux et de l'argent que l'on avoit laissé chez elle par distraction.

Une autre étoit en partie fine avec deux de ses compagnes et un étranger qui avoit eu l'imprudence de s'énivrer et de s'endormir. Les deux compagnes proposèrent de dépouiller l'endormi. Sa bourse, sa montre et ses nipes offroient un butin considérable ; la plus âgée s'y opposa, menaça de dénoncer celles qui voleroient, et ne quitta l'étranger que lorsqu'il fut tout-à-fait éveillé, et en état de raison. Si la nécessité, disoit-elle, a pu me rendre catin, elle ne sauroit pas au moins me rendre voleuse. Ces traits n'empêchent pas que la compagnie des filles publiques ne soit très-dangereuse pour la santé et pour la bourse, quelquefois même pour la vie.

Plusieurs de ces femmes du monde s'élèvent tout d'un coup de la plus basse classe à la plus haute, d'autres descendent de l'une à l'autre avec la même rapidité. Je connois plusieurs filles, entretenues aujourd'hui avec le plus grand faste, et que leurs amans ont tirées des plus mauvais lieux ; et dernièrement j'ai été raccroché par une que j'avois rencontrée diverses fois, l'année dernière, dans l'équipage le plus brillant.

Les maux que les femmes publiques versent sur tous les ordres de citoyens, sont innombrables, et si connus, qu'il seroit superflu d'en faire l'énumération. Malheureusement on ne pourroit anéantir entièrement ce vice, qu'en extirpant la racine du besoin dans l'ordre physique, et le luxe dans l'ordre politique ; mais je crois que si le gouvernement vouloit donner à cet important objet toute l'attention qu'il mérite, et en faire une branche d'administration, il ne seroit pas impossible de trouver une forme convenable, qui rendroit ce vice moins scandaleux pour les mœurs, moins ruineux pour les fortunes des particuliers, et moins dangereux pour la santé des citoyens. Les moyens me sont connus, mais je ne peux pas encore les manifester. En attendant, je me borne à le tolérer comme citoyen, et à m'en consoler comme philosophe.

CHAPITRE II.

Portrait physique et moral de Justine Pâris, son origine, sa vie, sa mort ; l'Oraison funèbre, prononcée par la dame Gourdan, en présence de toutes les Nymphes de Vénus et de plusieurs grands Seigneurs de la Cour.

JUSTINE PÂRIS, que l'on peut regarder comme la première fondatrice des grands sérails, nâquit à Corbeil, de parens peu aisés, mais beaux et vigoureux, qui lui transmirent avec la vie, un sang plein de feu, un cœur sensible, un tempérament enfin, qui lui rendoit l'amour un besoin impérieux : à ces qualités la nature avoit joint ses dons les plus précieux : à l'âge de 18 ans elle avoit la taille au-dessus de la médiocre, la peau blanche et très-fine, des couleurs vives, l'œil brun, plein d'esprit et de feu, le nez à l'antique, chaque partie de son corps é oit, faut-il dire, un chef-d'œuvre qui approchoit du beau idéal; il lui manquoit cependant une qualité sans laquelle les autres perdent beaucoup. Je veux dire la grace. Elle étoit privée de cette aisance naturelle, qui embellit même la laideur, et quoiqu'elle fut fort adroite, elle avoit un air gauche dans tout ce qu'elle faisoit, ce qui nuisoit extrêmement à sa beauté. Son esprit étoit vif et pénétrant, elle avoit un caractère ferme et entreprenant, son parler étoit doux, quoique plein de fermeté; et l'èloquence naturelle, dont elle étoit douée, lui rendoit aisées les entreprises les plus difficiles. Avec ces rares qualités, Justine auroit fait l'ornement de son sexe et le charme de la société, si des principes pervers et des exem-

ples scandaleux ne lui avoient per-
verti le cœur et l'esprit dès ses plus
jeunes ans. Aussi enfin elle n'avoit
pour ainsi dire, sucé la perversité
avec le lait. Sa constance étoit passée
en proverbes parmi les femmes de
son état, où la constance n'est guère
connue que pour l'éviter. Elle eut
beaucoup d'amans, mais jamais les
liens de l'amour ni de l'amitié ne furent rompus par elle sans des raisons très fortes.

Quelques démêlés qu'elle eut avec
la police au sujet d'un grand seigneur qu'elle avoit traité avec peu
de respect la firent mettre à l'hôpital;
c'est-là, comme nous l'avons dit ailleurs, qu'elle connut la Gourdan, et
que ces deux héroïnes conçurent le
plan de la formation du sérail dont
on lit la description dans le chapitre IV , tome I.

La pièce qui suit formera le com-
plément du tableau que nous n'avons
su qu'ébaucher ; ce morceau singulier ,fut composé par l'abbé M....

pour être prononcé par la Gourdan, dans une orgie, où assistoit un prince du sang et beaucoup de seigneurs de la cour. Nous prévenons le lecteur que nous en avons retranché tous les passages qui se ressentoient trop du sujet pour lequel il fut fait, de l'orateur qui prononça, et du lieu où la scène se passa.

Oraïson funèbre de très-haute et très-puissante Dame, Madame Justine Pâris, grande prétresse de Cythère, Paphos, Amathonte, etc. prononcée par Madame Gourdan, sa Coadjutrice, en présence de toutes les Nymphes de Vénus.

Aimer le plaisir jusqu'à s'en rendre la victime, lui sacrifier ce qu'on a de plus cher, ne point craindre la mort, pourvu qu'on la reçoive au sein de la volupté ; c'est un héroisme dont il est sans doute peu d'ames capables.

pables. Combien plus admirable n'est-il pas dans un sexe aussi foible, aussi délicat que le nôtre ? et ce fut à ce période, mes chères filles, que le poussa l'illustre amie que nous regrettons, l'incomparable JUSTINE. Aussi croirois-je son éloge inutile, si je n'avois moins voulu entreprendre son panégyrique que votre instruction. Eh ! comment mieux vous instruire, qu'en vous rappellant les merveilleuses qualités de cette héroïne ? je vous retracerai ses fatigues incroyables dans une carrière où elle est entrée dès sa plus tendre enfance, son courage dans les attaques, sa constance dans les disgraces, sa modestie dans les triomphes : je couronnerai son front des myrthes moissonnés par ses mains, je vous peindrai sur-tout sa mort, circonstance la plus glorieuse de sa vie.

JUSTINE naquit des parens pauvres mais vigoureux. Atteints tous deux d'une maladie héréditaire, ils

TOME II.   C

n'en conçurent l'une pour l'autre qu'une passion plus violente, ils confondoient leurs maux ensemble, et ils les oublioient. Des plaisirs si réiterés les conduisirent bientôt au lit de la mort. S'y voyant sans ressources, ils appellèrent leur fille, cette chère Justine, qui comptoit alors douze ans.

« Fruit précieux de notre ten-
» dresse, lui dirent-ils, nous n'a-
» vons plus qu'un instant à vivre,
» et nous ne saurions mieux l'em-
» ployer qu'à vous donner un con-
» seil qui fera le bonheur de votre
» vie, si vous le suivez. Comptez
» pour rien tous les jours que vous
» n'aurez pas consacrés au plaisir,
» qu'importe qu'ils soient longs, s'ils
» ne sont pas remplis ! croyez-nous,
» nous n'avons point d'intérêt à
» vous tromper dans ce moment ;
» puisse cette maxime être à jamais
» gravée dans votre cœur ! puisse-
» t - elle vous être rappellée sans
» cesse par l'image de notre mort ! »

A ces mots, ils ramassent leurs forces, ils s'entrelacent, leurs ames
s'unissent et ils expirent.

Le tableau étoit frappant, Justine, d'un coup-d'œil rapide en saisit tous les traits ; elle n'exhale point
sa douleur en vains soupirs ; elle
ne versa point de stériles larmes,
mais elle jura de suivre le conseil
de ses parens, d'en faire la règle,
la base de sa conduite, et sa vie fut
l'accomplissement de son serment.

A peine eut-elle mis à exécution
les avis de son père et de sa mère
mourans, qu'elle découvrit en elle-
même une source intarissable de volupté : elle comprit qu'en lui dictant
cette maxime, ses parens lui avoient
laissé l'héritage le plus précieux.
Bientôt ses succès s'étendirent, sa
reputation et sa beauté lui acquirent
des esclaves distingués, tous les jours
de sa brillante jeunesse étoient mar-
qués par de nouveaux triomphes.

Il est dans cette capitale un temple (l'Opéra) consacré à Vénus,

école des talens , du goût et du plaisir , où de jeunes prêtresses sont formées aux arts qui peuvent émouvoir
les sens et les séduire. Les unes
charment l'oreille en célébrant les
louanges de leur déesse : d'autres ,
par des danses passionnées , en rap-
pellent les avantures, en peignent
les situations les plus voluptueuses ;
toutes s'efforcent à l'envie d'allumer
dans tous les cœurs ce beau feu, ame
de l'univers, qui le consumme et le
reproduit.

Le mérite naissant de Justine , la
fit admettre dans ce séminaire. Elle
perfectionna ses dispositions préco-
ces au plaisir : elle ne tarda pas à
trouver l'occasion de les faire valoir
et de les développer avec éclat. Le
Turc étoit venu dans ce temps à
Paris rendre hommage à la puissance
du Roi. Vous connoissez le renom de
cette nation, mes chères filles , et
s'il n'est aucune de vous qui ne sa-
che par expérience quels héros ce
sont dans le champ de Vénus , il

n'est pas que vous n'ayez entendu parler souvent de leurs exploits. Ce temple même, ce sérail qui emprunte son nom d'eux, vous retrace l'image de leur valeur : il atteste, quels sectateurs ardens ils sont de la divinité que nous adorons toutes. *Mehemet Effendi*, ambassadeur de la Porte, excelloit par - dessus ses compatriotes, jamais femme n'avoit encore eu l'honneur de le faire rendre. Nouvel Anthée, ses chûtes sembloient lui donner de nouvelles forces : on eut dit qu'il sortoit du combat toujours reposé, toujours frais, toujours neuf. Déjà les compagnes de Justine avoient été défaites par ce superbe vainqueur. Elle s'offrit à son tour, avec confiance, sur le champ de bataille ; elle soutint les assauts de l'impétueux Musulman. Enfin elle l'attaqua elle-même, le pressa, le terrassa, l'anéantit : il s'avoua vaincu. Quel triomphe ! cette mémorable action fut gravée dans les fastes de Cythère. Mais qu'un grand nom est un pésant fardeau ! il attire à la fois et l'admiration et l'envie ! Justine ne l'éprouva que trop , elle fut obligée de quitter un séjour où la jalousie empoisonnoit sa gloire et son bonheur : elle résolut de voyager. Paris ne devoit pas posséder seul une si rare merveille. Plusieurs nations furent témoins de ses exploits. Les héros les plus fameux de l'Europe luttèrent tour-à-tour contre elle et furent défaits. Elle parcourut l'Angleterre , l'Espagne et l'Allemagne. Étrangère en ces contrées , la différente façon de combattre des peuples qu'ils habitoient , ne lui parut pas nouvelle. Flegmatique avec l'Anglais , grave avec l'Espagnol , emportée avec l'Allemand , elle se fit à tout , s'offrit par tout et triompha de tous. Elle termina ses voyages par l'Italie. Elle fut à Rome , Reine du monde , centre du libertinage. Là , gît la luxure la plus effrénée , là de pieux fainéants consacrent leurs

loisirs et leurs richesses aux raffine-
mens des voluptés, là, des vieil-
lards, blanchis sous les harnois de
Vénus, semblent ne plus vivre, ne
plus respirer que par le plaisir.
Quel champ de gloire à moissonner
pour notre compagne ! mais aussi
quels travaux ! il lui fallut prati-
quer toutes les marches, toutes les
contre-marches des Italiens, se mettre en garde contre toutes leurs ru-
ses, faire une guerre d'artifice d'autant plus pénible qu'elle est plus longue. On ne peut refuser à Justine
cette fameuse couronne qu'autrefois
les Scipions, les Emiles alloient recevoir au Capitole, et qui depuis a
été consacrée aux grands artistes,
aux hommes célébres dans tous les
genres. Il faut l'avouer pourtant, si
Justine avoit toujours l'avantage,
Justine n'étoit pas toujours invulné-
rable. Elle revint couverte de lauriers, mais ces lauriers couvroient
des blessures, et si à vingt-deux ans
elle comptoit plus de succès que n'en

compta la fameuse Ninon de Lenclos après un siècle de vie, ou plutôt s'ils étoient déjà innombrables, ses cicatrices l'étoient aussi.

Parlons sans figures. Ses parens, en lui transmettant cette vigueur et cet amour de la volupté, qualités héréditaires dans sa famile, lui avoient transmis une maladie qui en est le fruit. Cette maladie, née avec elle, fomentée par le plaisir, accrue par les veilles, étoit devenue incurable par les travaux et les fatigues de notre héroïne. Toutefois elle sembloit l'avoir respectée jusques-là ; mais ce levain malheureux, mêlé aux levains étrangers qu'elle avoit ramassés de toutes parts, vint à fermenter. Déjà tout l'intérieur de sa machine s'en ressentoit, la masse de ses humeurs en étoit infectée : il ne circuloit plus que du poison dans ses veines, au lieu de sang.

Tel étoit son état quand elle revint dans sa patrie. Elle sentit l'horrible ravage qui se faisoit au-dedans

d'elle-même et n'en fût pas épou-
vantée. Avertie par-là qu'elle n'a-
voit plus long - temps à jouir, elle
résolut d'en mieux employer le peu
de jours qui lui restoient. Heureusement que sa figure, quoique altérée
par le mal qui la minoit intérieure-
ment, étoit encore séduisante. C'é-
toit un bâtiment dont les dehors gra-
cieux, en laissant entrevoir des ruines, faisoient toutefois plaisir à la
vue et arrêtoient le spectateur.

Ses succès recommençoient en
cette ville, lorsqu'il lui survint une
disgrace qui épura son mérite, mit
le comble à sa célébrité, et nous
donna lieu de nous lier de l'amitié
la plus étroite. L'envie triompha
cette fois. Cette illustre fille fut conduite en cet édifice superbe que la
magnificence de nos Rois a fait cons-
truire pour la retraite des femmes
invalides. Dès que je l'y rencontrai,
la joie s'empara de mon cœur. Je
la voyois pour la première fois, et
je trouvai que la renommée n'en

avoit rien dit de trop, Un coup de sympathie nous fit sentir une tendresse réciproque, et je fus presque fâchée d'obtenir une liberté qui m'empêchoit de jouir de la société de cette aimable compagne. Cependant on essayoit de dompter ce courage rebelle; déjà les Esculapes et les Machaons mettoient en œuvre tout leur art, pour en arrêter la fougue : ce fut inutilement; ils devinrent eux-mêmes les victimes de l'art de Justine. Ces foibles humains éprouvèrent combien il étoit dangereux de voir de trop près ses charmes, Il fallut donner l'essor à une héroïne dont rien ne pouvoit contenir l'impétuosité. Ce fut alors qu'elle fonda cette maison, qu'elle me prit avec elle, pour y présider sous son inspection. Plusieurs années de la vie de Justine s'écoulèrent de nouveau dans des fêtes délicieuses. Je ne sais combien d'illustres amans voulurent partager ses trophées et ses cicatrices. Je ne vous retracerai pas,

mes chères Filles, la dernière partie de sa vie ; vous en avez été les
témoins, et votre ardeur à suivre ses
exemples, est une preuve de l'impression qu'ils faisoient sur vous.
Vous savez avec quelle intrépidité
elle voyoit approcher à pas lents
cette mort, l'écueil des héros, et
qui mit le comble à sa gloire. Sous-
traite, depuis quelques jours, à nos
regards, c'est sur-tout dans ces der-
niers momens, qu'elle a montré une
fermeté dont je vais vous faire le
récit, pour votre édification.

Détruite en détail, cette héroïne
s'est toujours survécue à elle-même.
Elle voyoit peu-à-peu diminuer le
nombre de ses membres, et son grand
cœur n'en étoit point affoibli. Son
âme, retranchée au centre de la vie,
où elle a semblé établir son siége,
paroissoit avoir abandonné la défense du reste, pour veiller à cette
seule résidence. Imaginez-vous un
Roi qui laisse piller son palais, et
qui, immobile sur le trône, ne veut

s'ensevelir que sous les ruines de ce dernier attribut de la majesté.

Mais que vois-je, mes chères Filles ! vos sanglots redoublent ! ils me coupent la parole ! Eh quoi ! malheureuses, des pleurs stériles seroient-elles l'offrande que vous présentez au tombeau de votre Mère-Abbesse ? Songez que, si quelquefois les larmes sont une preuve de la bonté dn cœur, elles le sont encore plus souvent de sa foiblesse. Le dirai-je ? je tremble que, sous ces regrets que vous arrache le sort de Justine, vous ne déguisiez la crainte d'en éprouver un pareil. Ah ! si mon soupçon étoit réel, mes chères Filles, si quelqu'une de vous éprouvoit cette lâcheté, qu'elle se lève, qu'elle sorte : elle n'est pas digne de cette maison !

Mais plutôt qu'elle reste ; qu'elle apprenne que la mort de Justine fut, non la peine, mais la récompense de ses travaux, et qu'il n'est pas donné à toutes de la mériter.

Moi-même, qui vous parle, com-

bien

bien de fois ne me suis-je pas vue attachée au lit de douleur ? J'en suis revenue autant de fois. Que ne puis-je vous montrer mes anciennes blessures ? là, vous dirois-je, une pierre, vraiment infernale, me fit ces horribles cavités; ici, le fer impitoyable détruisoit une partie de moi-même, pour l'amour de l'autre : ma peau, par-tout cicatrisée, tous mes nerfs affoiblis, n'attestent que trop les douloureux frottemens que toutes les parties de mon corps ont essuyées. Actuellement, les yeux caves et troubles, les joues allongées, je porte sur moi les symptômes de la plus cruelle, de la plus honteuse des maladies.

Vous le savez pourtant, je suis intrépide : puissé-je mériter la mort de l'héroïne que nous célébrons; puisse mon ame, comme la sienne, s'écouler avec ma substance toute fondue, pour ainsi dire, en torrens de volupté !

Je n'exige pas ces souhaits de

vous, mes chères Filles. Si l'espoir d'une mort glorieuse fait les héros, l'espérance de l'éviter soutient le commun des guerriers. C'est cette espérance qui doit vous animer, mes chères Filles. Déjà les portes s'ouvrent; quelques équipages entrent dans nos cours; des essaims de fous en sortent; ils amènent avec eux la joie et les plaisirs. Essuyez vos pleurs, rassérenez votre visage; que l'enjouement et les graces s'y peignent de nouveau : reprenez vos sacrifices ordinaires; que le plus pur sang des victimes efface les larmes dont les marbres de ce salon pourroient être souillés, et songez surtout que ce n'est qu'en imitant JUSTINE, que vous honorerez sa mémoire.

CHAPITRE III.

Invitation.

Au commencement de mon premier séjour à Paris, je passois aux environs de la halle aux bleds, et j'entends derrière moi des *st. st. st.*; je crois que c'est quelque connoissance, ou quelqu'ami qui m'appelle, je me retourne, je ne vois ni connoissance, ni ami : les st. st. st. recommencent, redoublent ; enfin je lève les yeux, et je vois des filles jeunes et jolies, au moins en apparence, qui, d'un air de confidence et d'amitié, m'invitent à monter chez elles : je devine leur intention, et je refuse leur invitation. J'ai depuis-lors eu occasion de connoître ces belles hospitalières. Je voulois en donner ici les portraits, mais le morceau suivant m'étant tombé sous les yeux, je le crus digne, par son originalité, d'être offert à mes lecteurs, d'autant plus qu'il est extrait d'un ouvrage trop volumineux pour être dans les mains de beaucoup de lecteurs.

Aujourd'hui les filles publiques, du haut de leurs fenêtres ou balcons, fifflent comme des couleuvres : c'est l'appel. Elles font bien de prendre l'accent juste, puisqu'elles récèlent le venin de la vipère.

On avoit donné à une fille le nom d'*Harpagine* : cette courtisanne ignorant que ce mot étoit synonyme au *mal vénérien*, le portoit avec candeur. Un Académicien qui savoit le grec la détrompa, en lui rendant visite : elle devint furieuse, et depuis ce jour-là elle ne veut plus porter que le nom d'une vierge.

Il n'y a plus qu'un moyen pour se débarrasser de ces nymphes nocturnes qui vous assiégent de toutes

parts, c'est de leur dire énergique-
ment, *je n'ai plus d'argent.*

Quelquefois le soir on rencontre
dans les rues le guet à pied, qui,
tenant le fusil sous son bras, couduit
galamment de l'autre une jeune fille,
tandis que son camarade tient une
vieille matrone ; c'est un enlève-
ment, soit qu'il y ait eu tapage, soit
que le jour de la punition soit arrivé.
L'une qui est novice se désespère et
se lamente ; celle-ci, plus effrontée,
tient tête au soldat qui la mène. Le
plus souvent elles sont en déshabillé
et dans le plus grand désordre ; on
ne leur a pas donné le temps de s'habiller ; elles tiennent leurs juppes
qui tomberoient si elles n'y portoient
pas la main. On les traîne d'un pas
précipité et à travers les boues chez
le commissaire qui a fait l'enlève-
ment. La canaille s'assemble et rit ;
l'une est échevelée, l'autre chante et
brave l'orage : elles sont introduites
dans l'étude du commissaire devant
le jeune clerc qui les reconnoît, mais

qui ne peut adoucir le *procès-verbal.* Elles déclinent leur nom ou celui qu'elles veulent prendre avant que d'être conduites à la prison de pénitence : toutes les charges sont déduites avec des expressions non voilées ; le commissaire et son clerc sont accoutumés à l'idiome des mauvais lieux, comme des académiciens le sont au beau langage. Au reste, les mots proscrits de la langue sont positivement dans toutes les bouches, depuis les princes jusqu'aux crocheteurs. Les femmes aujourd'hui se les permettent , et jurent comme les hommes , sur-tout à la Cour ; cela est du bon ton.

Tandis qu'on verbalise, ces filles avertissent leurs amoureux de ce revers inattendu : ils arrivent avec leurs physionomie de ribotteurs ; mais les champions n'osent délivrer leurs dulcinées. Elles sortent, et l'on voit couler les larmes d'un enfant de treize à quatorze ans, tout auprès de

l'immobilité stupide d'une vieille dé-
vergondée.

Ces victimes de l'innocence publique sont toujours forcées de men-
tir : le libertinage est puni, car il
s'éloigne de la volupté ; il en devient
l'antipode. Telle fille au milieu de
la prostitution a vécut trois années
dans une maison de libertinage sans
avoir connu un homme naturellement ; il y a des prostituées qui sont
pucelles, et elles sont loin de pouvoir s'appeller viérge. Tirons le ri-
deau.

On appelle *des impures* toutes
celles qui vaguent dans les rues, et
cette dénomination s'étend jusqu'à
celles qui se promènent au Palais
Royal. Mais la débauche dans cette
grande ville ressemblent à ces taches
noires dans un morceau de marbre
blanc. L'inocence intacte est tout à
côté du libertinage effronté, et ne
se mêle point avec lui. Le second ordre de la bourgeoisie a des mœurs et
des mœurs plus pures peut - être que

dans tout autre lieu du monde ; cependant la débauche, ou du moins son image, cerne de toutes parts ces maisons honnêtes, et celles-ci sont inaccessibles à la corruption ; elles semblent même ignorer les désordres et les turpitudes qui sont à vingt pas d'elles.

Les lois humaines ont leurs bornes ; elles ne peuvent violenter trop durement, elles ne sauroient fouiller trop avant ; réformatrices de ce qui porte le scandale, elles augmenteroient le désordre en voulant l'anéantir. Les femmes sont les idoles de la foiblesse humaine. L'opulence les couvre des bijoux les plus précieux, des étoffes les plus riches. Le vice est embelli, pour ainsi dire, dans la personne d'une courtisanne ; il ne reprend ses traits honteux et sa couleur rebutante que dans les dernières victimes de l'incontinence. L'air libre et immodeste va à telle femme, comment la police séparera-t-elle deux désordres égaux ? comment sera-t-elle indulgente pour le libertinage parée ; roulant dans un char, et sévère pour le libertinage de détresse, marchant dans les rues fangeuses ?

Il y a de la différence sans doute dans les noms, lorsque celle-ci s'appelle la *Ribotte*, l'autre *Belair* ; l'autre *Caraconoir* ; la quatrième *Ventre-Bleu* ; et la dernière, comme le porte-enseigne de la profession, *Tire-à-toi* ; tandis qu'à l'opéra les noms les plus harmonieux des saintes du calendrier, sont élégamment choisis pour distinguer les superbes courti-sannes ; mais le métier n'est-il pas le même ? Toutes ne reçoivent-elles pas également les offrandes volon-taires du libertinage ?

On a vu l'apologie du publicisme des femmes dans quelques Journaux : cette apologie étoit-là bien déplacée. Il n'étoit pas besoin de renforcer cette peine, et il est des tolérances publiques qu'il ne faut point du moins avouer publiquement ; Sixte

Quint fit une guerre violente au publicisme des femmes. C'étoit un grand politique. Je pense que le gouvernement sera forcé, avant peu, de donner une attention sérieuse, moins au désordre qu'au scandale ; il pourroit mettre à profit plusieurs idées saines répandues dans le *Pornographe*, ouvrage de M. Rétif de la Bretonne, qui a enseigné l'art d'ôter au vice ce qu'il a de plus redoutable, son effronterie. Dès qu'il sera voilé, il n'offensera plus l'ordre public. Dans les mains d'un habille législateur, le bien sort du mal : et voilà le grand secret de la politique.

La police ne permet pas à ces créatures d'ajouter l'adresse à l'impudence, et de se payer par leurs mains sur les effets et bijoux, qu'elles peuvent surprendre à l'ivresse de la débauche, ou à la négligence de leurs dupes ; les montres, les tabatières, les portes-feuilles ne leur appartiennent pas plus qu'aux fiacres, lorsqu'on les oublie dans leurs voitures. Il faut qu'elles restituent ces effets, car c'est assez de manquer à la pudeur sans offenser encore la probité : elles sont poursuivies lorsqu'elles volent ou qu'elles escamotent, et sont forcées de lâcher sur-le-champ leur proie.

On n'affiche point qu'on a été volé de sa montre ou de sa tabatière dans un mauvais lieu : on affiche décemment qu'on l'a perdue, et l'on promet une récompense honnête ; et quoi de plus honnête que de rapporter un bijoux du centre d'un mauvais lieu ! ainsi il y a combat d'honnêteté, et ce qui est honnête devient utile, comme l'a tant dit Cicéron, car on paye la fille pour la montre volée. Alors elle est à toutes poursuites : on suppose que le propriétaire l'a laissé tomber dans un moment inattentif, et la fille n'est point censée une escroque, terme qui devient un injure même pour une prostituée.

La vigilance des orfèvres sert

très-bien la police à cet égard ; ils ont le coup-d'œil exercé à reconnoître les bijoux volés , les prix qu'y met le vendeur , sa tournure, son maintien, tout les éclaire ; et comme ils tiennent registres de tout ce qu'ils achetent, il est facile par eux de remonter jusqu'à la source du délit , et de reconnoître le première main , qui a usé d'une subtile adresse.

CHAPITRE

CHAPITRE IV.

Promenades du Chevalier de Walbé au Palais royal. * — *Tableau pittoresque et indicatif des Filles publiques les plus renommées.*

MON aventure chez la comtesse de Grassi, encore gravée dans ma mémoire, me rendoit timide et craintif. Je me représentois sans cesse les femmes sous les couleurs les plus défavorables ; et, sans expérience, je n'avois pu encore me rendre compte de ce qu'est l'amour, et le

* Il est facile de juger que ce chapitre fût écrit avant la révolution ; je n'ai pas cru devoir en changer les dénominations.

véritable esprit des femmes. Triste, rêveur, je promenois par-tout mon ennui; insipide à moi - même, et craignant de l'être aux autres, je ne frequentois plus les sociétés.

Un jour, étant sorti de chez moi de très - grand matin, livré à mes propres pensées, je suivis au hasard la première rue qui se présenta à moi. Je rencontrai des marchés dont l'odeur étoit insupportable, et auxquels il n'étoit pas possible d'aborder sans courir risque de la vie. Les hommes se heurtoient les uns contre les autres, et risquoient, à chaque instant, d'être accablés sous le poids des fardeaux dont ils étoient chargés. Les charrettes se croisoient mutuellement, et formoient un embarras qui sembloit ne devoir jamais cesser. Les charretiers se battoient en jurant, les femmes s'injurioient pour ou contre, et une douzaine de voitures attendoient impatiemment que la fusée fût démêlée. Je m'échappai de la bagarre, au risque d'être cent fois estropié. Je gagnai le Palais royal, et plein de mauvaise humeur j'entrai dans un café : je me fis servir du thé. J'avois dans ma poche un volume du Tableau de Paris, ouvrage original et philosophique : j'ouvre le livre, et je lis ces mots : *Palais royal.*

«Point unique sur le globe. Visitez Londres, Amsterdam, Madrid, Vienne, vous ne verrez rien de pareil : un prisonnier pourroit y vivre sans ennui, et ne songer à la liberté qu'au bout de plusieurs années. C'est justement l'endroit que Platon vouloit qu'on assignât à un captif, afin de le retenir sans geolier et sans violence, par des chaînes douces et volontaires «.

« On l'appelle *la capitale de Paris.* Tout s'y trouve ; mais mettez-là un jeune homme ayant vingt ans, et cinquante mille livres de rentes, il ne voudra plus, il ne pourra plus sortir de ce lieu de féerie ; il deviendra un Renaud dans ce palais d'Armide ; et si ce héros y perdit son temps et presque sa gloire, notre jeune homme y perdra le sien, et peut-être sa fortune : ce n'est plus que là désormais qu'il pourra jouir ; par-tout ailleurs il s'ennuiera. Ce séjour enchanté est une petite ville luxueuse, renfermée dans une grande ; c'est le temple de la volupté, d'où les vices brillans ont banni jusqu'au fantôme de la pudeur : il n'y a pas de guinguette dans le monde plus gracieusement dépravée ; on y rit, et c'est de l'innocence qui rougit encore ».

« Là, on peut tout voir, tout entendre, tout connoître ; il y a de quoi faire d'un jeune homme un petit savant en détail ; mais c'est-là que l'empire du libertinage agit sur une jeunesse effrénée, qui, répandue ensuite dans les sociétés, y promène un ton inconnu, par-tout ailleurs, l'indécence sans passion. Le libertinage y est éternel ; à chaque heure du jour et de la nuit, son temple est ouvert, et à toutes sortes de prix ».

« Les Athéniens élevoient des temples à leurs Phrynés ; les nôtres trouvent le leur dans cette enceinte, dont on a voulu, dans un moment de rigorisme, sans doute, les chasser dernièrement ; mais cette légère disgrace n'a fait que renforcer le triomphe de celles qui composent l'ordre le plus éclatant »,

« Les agioteurs, faisant le pendant des jolies prostituées, vont trois fois par jour au Palais royal, *et* toutes ces bouches n'y parlent que d'argent et de prostitution politique. Tel joueur à la *hausse* et à la *baisse*, peut dire, en parlant de la bourse : Rome n'est plus dans Rome, elle est toute où je suis. La banque se tient dans les cafés : c'est-là qu'il faut voir et étudier les visages subitement décomposés par la perte ou par le gain ; celui-ci se désole, celui-là triomphe ».

Ce lieu est donc une jolie boîte de Pandore ; elle est ciselée, travaillée ;

mais tout le monde sait ce que renfermoit la boîte de cette statue animée par Vulcain «.

« Il est triste, en marchant, de voir un tas *de* jeunes débauchés, au teint pâle, à la mine suffisante, au maintien impertinent, et qui s'annoncent par le bruit des breloques de leurs deux montres, circuler dans ce labyrinthe de rubans, de gazes, de pompons, de fleurs, de robes, de masques, de boîtes de rouge, de paquets d'épingles longues de plus d'un demi-pied : ils battent le *camp des Tartares* dans cette oisiveté profonde, qui nourrit tous les vices; et l'arrogance qu'ils affectent ne peut dissimuler leur profonde nullité.

« On appelle *camp des Tartares*, les deux galeries adossées qui sont encore en bois, et qui attendent un plan magnifique de colonnes; superbe décoration qui achevera la beauté de l'édifice. C'est-là que tous les soirs les femmes viennent deux à deux affronter le regard des hommes,

chargées de toutes ces modes, quelquefois si fantasques, qu'elles ima-
ginent pour quelques jours , et
qu'elles renversent quelques jours
après ».

« C'est sous ces planches, que le feu
dévorera peut-être en une nuit,
qu'on voit le précoce libertinage ; il
est à l'encan pour l'homme qui s'é-
teint. On y remarque une foule de
jeunes gens qui, en fredonnant, se
précipitent dans les petits spectacles,
plus fréquentés que les grands , car
ils sont immoraux. Ces jeunes gens
ont des physionomies toutes parti-
culières , où se peignent des ames
blasées, des cœurs froids, des passions sans plaisir et sans vigueur ; le
trafic des sens, le dépérissement des
races, la sacrilége familiarité des enfans, qui ne regardent plus leurs parens que comme d'avares économes,
dont ils désirent confusément la
mort, sans oser trop désavouer cet
horrible desir ; voilà les vices qui
marchent tête levée : on n'est plus

que le vil et sot fabricateur de son fils, que la gouvernante imbécille et surannéee de sa fille ; et les mœurs sacrées sont abolies et même ridiculisées dans les entretiens de ces déplorables adolescens, déjà formés pour les fausses idées d'une génération corrompue, et pire que celle qui l'a précédée.

» C'est-là que vous entendrez réciter tout haut les vers les plus infames de l'infame *Pucelle*, ainsi que les principes les plus irreligieux de cet homme qui séduisit la France, mais qui ne séduisit qu'elle, parce qu'il ne travailloit que pour elle ; de cet homme qui eut plus d'art pour usurper une grande réputation, que de génie pour la mériter ; de cet homme qui a plus influé sur les cœurs qu'il a corrompus, que sur les esprits qu'il se vantoit d'éclairer ; de cet homme enfin qui, d'après le portrait que nous venons d'en esquisser, devoit tout naturellement devenir l'ennemi de Jean-Jacques Rousseau, et se cou-

vrir d'opprobre, par son lâche achar-
nement à persécuter le plus vertueux
des hommes, qui le pleura à sa mort.
Il ne manque plus dans ce lieu, que
d'élever la statue de Voltaire au
centre du jardin, et d'écrire sur le pié-
destal *au Chantre de Gris-bourdon* ».

Hélas ! en vain vous y cherchez la
timide retenue, le doux embarras,
la rougeur de l'innocence, la pâleur
qui la couvre quand on ose l'atta-
quer, les aimables couleurs de l'ado-
lescence, le charme attendrissant
de l'aurore d'une beauté jeune et
sage ; par-tout vous y lirez que depuis
dix ans il y a la plus déplorable différence dans le seul phyfique des pari-
siens.

A peine une fille est-elle sortie des
jeux innocens qui amusoient son enfance, qu'elle se plaît à étudier des
danses voluptueuses, et tous les arts
et tous les mystères de l'amour. A
peine une femme est-elle assise à la
table de son mari, que d'un regard
furtif elle y cherche un amant. Bien-

tôt elle ne choisit plus ; elle croit que dans l'obscurité tous les plaisirs deviennent légitimes ».

« N'est-ce point là la peinture de nos mœurs dans le quartier du Palais royal ? Eh bien ! c'est Horace qui l'a tracée ; mais il n'avoit pas deviné les retraites commodes que la débauche furtive ou intéressée soudoie, non par heure, mais par minutes. Ce calcul l'auroit surpris, et il eut alors passé ses pinceaux à un Juvénal ».

« Eh ! d'après un si brûlant foyer de voluptés faciles, de jouissances vénales, faut-il s'étonner si l'on fuit la plus respectable et la plus charmante des unions, l'unique lien sur la terre qui joint les plaisirs enflammés de l'amour aux douces émotions, au bonheur pur de l'amitié » ?

« Cependant, toutes les heures ne sont pas également livrées à cette débauche ouverte. Il en est d'autres où l'on se promène au moins avec une apparence de décence. Le respect pour le public semble y régner.

C'est à peu-près vers les cinq heures, dans le printemps et dans l'été, et sur-tout le matin, vers onze heures, qu'une femme honnête et belle peut se trouver au jardin du Palais royal, sans avoir à se plaindre d'un regard. Une belle femme, qui est le plus beau spectacle de la nature, pourra étaler la puissance de ses attraits. On l'admirera ; et elle jouira paisiblement du plaisir de la promenade, dans une enceinte qui, à certains égards, semble bâtie par les fées ».

J'en étois à cet endroit lorsque je fus abordé par un de mes amis que je n'avois pas vu depuis long-tems. Après nous être félicités réciproquement sur notre heureuse rencontre, me voyant triste et morne, il me questiona, et voulut savoir la cause de mon chagrin : je l'aimois ; il avoit ma confiance, et je n'hésitai point à lui faire part des angoises de mon cœur, après lui avoir raconté ma triste aventure avec Pauline.

Mon ami, lui dis-je, je me sens

un besoin pressant d'aimer. L'amour me tourmente ; je voudrois le définir, mais je redoute de le connoître : je le vois sous des couleurs séduisantes, et je tremble de devenir une de ses victimes. Dis-moi, mon ami, le connois-tu, toi ? Je sais qu'une longue expérience doit t'avoir rendu savant sur cet article. Parles - moi avec franchise.... Que penses-tu de la femme, ce chef - d'œuvre de la nature ? N'est-ce pas un assemblage de vertu, de crimes, de beauté et de laideur, formé pour le tourment des hommes. Cet ami, ayant pitié de mon délire, me serre la main.... Arrrête, mon cher, et suspens ton jugement. Peut-être seras-tu moins sévère sur cet objet charmant, que je regarde comme la consolation de l'homme sage et prudent ; si tu veux m'écouter un instant, je vais tâcher de te tranquilliser, et de te rendre à toi-même.

Rien n'est si difficile, il est vrai, que de peindre l'amour sous ses

vraies

vraies couleurs; cependant voici comment il est senti par ceux qui ont eu à s'en louer, ou à s'en plaindre.

L'amant qu'il a comblé, le peint avec des regards aussi charmans que sincères; il lui prête des discours aussi vrais qu'enchanteurs. Ses chaînes, suivant lui formées de myrthe et de roses, sont préférables à une liberté insipide. Ce n'est que par lui que l'on connoît son existence; et toutes les richesses et le faste des grandeurs ne valent pas un soupir de l'amour.

L'amant outragé le peint au contraire comme un monstre acharné au malheur des pauvres humains. Ses discours sont trompeurs, ses promesses perfides et ses caresses empoisonnées; mais moi, je pense comme ce philosophe qui dit :

L'amour, dans un cœur juste et généreux, est nécessairement une vertu; comme, dans un cœur vicieux, il entraîne souvent au crime. Il ne fait que déterminer leur penchant. Il dépend, il est vrai, presque toujours de l'objet qui la fait naître.

Une femme vive, agaçante, n'inspire pas une passion langoureuse. l'inégalité de son caractère, l'enjouement de son esprit, ne laissent point à l'amant qu'elle a subjugué, le temps de réfléchir ; il n'a que celui de desirer.

Une femme tendre, sensible, délicate, ne fait pas éprouver de transports si rapides, mais ils sont plus voluptueux. lorsqu'elle peut trouver un cœur digne du sien. Le premier moment décide de leur penchant. Destinés l'un à l'autre de toute éternité, ces heureux amans n'ont plus qu'une même vie, un même souffle les anime. Que d'expression dans leurs regards ! que de tendresse dans leurs entretiens ! que de vérités dans leurs transports ! Ils éprouvent des douceurs que le terme du plaisir est bien loin d'exprimer. Celui de volupté n'est pas encore assez fort.

C'est une ivresse douce et impétueuse, où l'ame se plonge, et qui absorbe toutes ses facultés. Tous les sens suffisent à peine pour le sentir. Dans cet état charmant, incompréhensible, il y a de ces distinctions fines, de ces nuances imperceptibles qui ne sont réservées qu'au seul sentiment.

Ce raisonnement me plaisoit à l'infini et ne faisoit qu'augmenter la haute estime que j'avois pour mon ami. Je me disposois à lui témoigner toute ma reconnoissance de ces sages instructions, lorsque nous fûmes interrompus par une rumeur subite, occasionnée par les cris et les clameurs du public, qui poursuivoit plusieurs jeunes gens et des femmes qui se querelloient. Ils en vinrent bientôt aux mains. Nous fûmes indignés de voir des hommes frapper un sexe foible, et qui mérite tous nos égards. — Bah ! bah ! vous êtes bien bons, Messieurs, de vous attendrir, s'écria un grand homme sec, d'assez mauvaise mine, qui se trouvoit à côté de nous. Son œil décéloit une ame vile, basse et mercénaire. Ce n'est rien, continua-t-il, querelle de gueux, amans et maîtresses, tout cela se raccommodera; tenez, vous m'avez l'air de bons enfans, prêtez-moi un moment d'attention, et je vais vous faire connoître tous ces tripotages-là.

Cependant la querelle devenoit plus forte, ne pouvant plus retenir mon indignation, je sors du café, me proposant de mettre le holà, si je le pouvois; je m'agite, je lève les bras, je parle, je ne peux me faire entendre, à la fin on m'écoute; mais à peine ai-je commencé mon discours qu'une créature vient me mettre la main sous le menton, en me narguant.... Beau bijou, me dit-elle, comme il parle bien; c'est en vérité dommage que nous ne voulions pas écouter ce *Crapaud des Indes*, etc..... Et elle me régale en même-temps d'une bouffée d'eaude-vie, qu'elle n'avoit pas encore digerée..... je reculai de saisissement et de dégoût. — Moi, Crapaud des Indes, disois - je, moi.... Quelle impertinence! Quelle effrontée. ..... Mais j'oubliai bien vite l'injure, l'entendant encore vomir contre moi, mille imprécations, et j'eusse été victime de ses fureurs si notre homme sec ne m'eut délivré de sa colère, en lui donnant un rude soufflet, et en me faisant passer dans l'*allée Cytherée.*

Je vous l'avois bien dit que ce sont des malheureuses qui ont besoin d'être ainsi menées. Que le mot de *Crapaud des Indes*, ne vous affecte pas : cette épithète ne vous appartient nullement ; mais ici vous allez être bien dédommagé, vous aurez plus d'agrémens, et comme j'ai un peu pratiqué ces lieux, je vous expliquerai chacun des tableaux qui se présenteront à votre vue.

C'est ici que se promènent les filles du bon ton. Il y en a abondamment, comme vous voyez, Effectivement je fus ébloui de l'élégance, et de l'éclat des ajustemens qui frappèrent ma vue. Je désirois connoître les femmes qui formoient un si brillant spectacle : nous nous approchâmes d'un groupe où étoient trois à quatre rieurs qui promenoient leurs regards sur l'assemblée ; j'écoutai attentivement leurs propos, et je m'attachai sur - tout à suivre un gros garçon qui paroissoit avoir copieusement déjeûné, et qui faisoit joyeusement l'histoire du cercle dont nous étions environnés. — Vois-tu, disoit-il, à un autre, cette grosse effrontée, si large d'épaules, c'est *Tonton*, *Minette*, elle est à louer..... son financier l'a quittée parce qu'il la surprit avec un jeune officier qu'elle entretenoit de ses faveurs : elle s'en consola parce qu'elle lui a escamoté un écrain de diamans. — Celle qui l'accompagne grande, blonde, seche, sans gorge, s'appelle *Dukerque la bique* : elle subsiste des libéralités d'un rabin épaulé, qui se ruine à compter sur la succession future de son père, qu'il voudroit avoir enterré. — Et la troisième est une jeune novice qui ne remplit pas encore les grands rôles ; elle se borne à grapiller en attendant que son tempéramment soit formé, elle se nomme *chou-chou.*

Plus loin, ces trois précieuses que tu vois venir à nous, sont trois bourgeoises qui tirent avantage de leur qualité pour se faire payer plus cher. On les soupçonneroit de courir après le plaisir, mais le vrai est qu'elles courent après l'argent pour obtenir le superflu que leurs maris prodiguent ailleurs : elles sont réduites au plus exigu nécessaire, elles font des bassesses pour figurer : leur état les chagrine, mais elles ont des titres, et la vanité les console. — J'apperçois la parfumeuse, comme elle est belle aujourd'hui ! C'est une grosse brune qui a été très-appétissante : elle a inspiré beaucoup de caprices, et les a presque tous passés : elle a épuisé tous les genres de plaisir : tour-à-tour elle a connu le prix d'un vaillant chevalier de Cythère et le mérite des femmes : cette princesse a ruiné en six mois un riche Américain qui s'étoit lié a son char, mais il ne lui a malheureusement pas repris ce qu'il avoit apporté du nouveau monde. Il lui a donné un gros fond qu'elle détaille. Sans cesse dans les coulisses, dans nos théâtres forains, après avoir bonifié de son argent et de ses tristes faveurs les Dupuis, les Placides et *cœtera*, cette autre qui lui parle est la nommée *Ste.-Marie la Pauvresse*, qui est une belle fille, ayant un corps ferme et vigoureux, une physionomie animée de grands yeux bleus, gracieusement ombragés de longues paupières, ses membres sont souples et agiles, et son imagination constamment tournée vers les plaisirs de l'amour. On la nomme *Pauvresse* parce qu'elle a le cœur si bon qu'elle n'a rien à elle , et qu'elle se trouve souvent obligée d'emprunter des jupons à ses camarades.

Celle que tu vois assise presque vis - à - vis de nous , est une comtesse de haut - étage. Elle tient maison de jeu. C'est un ambigu de pruderie et de coquetterie : lorsqu'on lui parle d'amour , elle joue l'indifférente ; si on la presse , elle se met en courroux , et si l'on se tait , elle fait des avances , c'est un flux et reflux de rigueurs et de faveurs.

A quelques pas de nous , vois-tu ce jeune fat qui donne le bras à cette vieille douairière , je la connois , il est expert en *roueries*. Il ne manque pas de talens. Personne n'est plus habile que lui à tromper une femme. Il sait adroitement presser l'*éponge* , et depuis qu'il est avec elle , ses revenus sont augmentés de plus de moitié. Des présens de sa vieille il achète une maîtresse adorable. Celle - ci entretient honnêtement encore un jeune officier , et ce

dernier en a encore une en sous ordre. C'est un ricochet d'amour assez
plaisant : tous les biens coulent de
la même source, et notre douairière
ne croit pas faire tant d'heureux à la
fois.

Ces quatre filles que tu vois mar-
chander des pendans d'oreilles chez
ce bijoutier se détestent à la mort,
mais l'intérêt les réunit, et elles ne
se quittent jamais. La première est
la fille d'une blanchisseuse, et se
nomme *Manon Gogo*. — Celle qui a
le chapeau noir, orné de ces grandes plumes, en forme de panache,
est appellée *Tierce - Lacavale* ; large
de poitrail, haut - montée sur les
hanches, elle est toujours habitante
de plaisirs ; elle tient sous les bras
Beaujour la *Boucaneuse* : c'est une
belle fille, mais méchante au - delà
de toutes expressions, se servant de
pèle, pincette et couteaux, pour mettre à la raison ses amans. — Mais
regarde ce joli minois, c'est *Aspasie
Citron* aux yeux bleus, ainsi nom-

mée pour avoir ruiné le fournisseur des orangères. Elle est jolie, grassouillete, adroite et fine coquine : elle a la gorge si ferme, et la taille si bien faite qu'elle tourne la tête à tous ceux qui la voyent. Riche des dépouilles d'un prélat qui l'entretenoit, et qui vient de trépasser, elle joue l'impudente et l'insolente..... C'est dommage. — Elle ne s'attache qu'à faire des dupes, il faut espèrer qu'elle le sera un jour elle - même, elle le mériteroit bien.

J'étois tout oreille, mais mon cœur étoit serré, en voyant à quels degrés étoit portée la corruption. La conversation commençant à se refroidir, je me disposois à me retirer lorsque l'homme qui m'avoit sauvé de la bagarre, et des fureurs de cette mauvaise coquine dont j'ai parlé plus haut, me dit, Monsieur, il faut auparavant de nous quitter que je vous fasse le récit de la vie que mène celui qui vient de vous tracer le portrait de toutes les femmes qui ornent ce jardin , et qui viennent de passer sous vos yeux. Cela vous intéressera et achevera de vous instruire sur les manœuvres qui se pratiquent avec toutes ces créatures. Ce gros garçon , dis-je, qui vient de vous amuser par ses discours se nomme *George* le *Bordelliste*. Il est le soutien des maisons de prostitutions, où à prix d'argent l'on trouve joie, plaisirs, faveurs ; mais plus souvent encore la perte de sa fortune et de sa santé. Il vient de gagner une assez grosse somme d'argent avec un jeune Anglais. — Je vais vous dire la manière dont il s'y prit. Je l'ai entendu lui-même la raconter un jour à un de ses amis , et voici en quels termes.

CHAPITRE

CHAPITRE V.

Aventure arrivée à un jeune Anglais, trompé par le nommé Georges, souteneur de Filles publiques.

Ecoutez, mon ami, comment il faut s'y prendre pour, en peu de temps, établir sa fortune, en faisant celle d'une jeune fille qui voue son sort à nos intrigues.

Eulalie, âgée de 18 ans, blonde, superbe de taille, jolie gorge, les yeux bleus et langoureux, la bouche petite, la main belle, la jambe fine, et le pied mignon, me fut amenée par une vieille Duégne, qui me dit en me la présentant, voici, Monsieur, une jeune fille, jolie et bienfaite, je désire qu'elle fasse sous vous son apprentissage, et que d'après vos sages leçons, elle se forme et puisse mériter une fortune digne du maître qui l'aura enseignée. Elle étoit pauvre, par conséquent pressée par les besoins les plus urgens. Sur la beauté d'Eulalie je crus pouvoir risquer les habillemens nécessaires, pour lui faire trouver un chalant solide et *foncé* : je ne fus pas long-temps sans remonter le *pigeon*.

J'étois à l'hôtel de Russie, rue de Richelieu ; lorsque je vis entrer un jeune Anglais, servi par le nommé St.-Jean, domestique de louage, entièrement à ma dévotion. Je me présentai à son maître pour lui servir d'interpréte, et lui faire voir tout ce qu'il y a de curieux dans la capitale. Une fois que je fus bien *ancré* chez lui, je pris connoissance de ses goûts et m'établis son confident.

Il désiroit avoir pour maîtresse une de ces jeunes novices douce et complaisante : je jettai alors les yeux sur Eulalie, et pour en tirer un plus grand parti, je conduisis la

chose avec grandeur, ce qui me réus-
sit parfaitement.

Nous allâmes le même jour à la
comédie italienne, et je fis mettre
la Petite dans une loge en face de
lui. Toute sa parure étoit composée
d'une robe simple et flottante avec
grace , de quelques rubans entre-
lacés dans sa chevelure. Une gaze
légère, aiguillon du désir, couvroit
son sein : une douce mélancolie lui
prêtoit un air plus intéressant encore , et un tendre incarnat répandu
sur ses joues , lui donnoit un charme de plus. —— Enfin en la voyant ,
le plus fin l'eut prise pour du *Tout-
neuf* , et pour une conquête qui demandoit beaucoup de peines. Elle
avoit dans les yeux cette voluptueuse
langueur qui subjugue plus que ne
pourroient le faire les graces de l'esprit et la dignité de la vertu. Mon
Anglais fut effectivement pris au
piége , et me dit confidentiellement
qu'il désiroit bien avoir , pendant
son séjour à Paris , une maîtresse qui

G 2

lui ressemblât : je lui promis de faire suivre cette jolie personne, si nous la rencontrions encore dans quelque spectacle. Il me jura que sa reconnoissance seroit sans bornes, si je pouvois lui rendre quelques services dans une affaire d'où dépendoit son bonheur : je le jugeai à ces propos très-emprunté en fait d'amour. C'est un trésor, mon ami, que de telles personnes : nous allâmes le soir à l'opéra, et, comme tu le juges bien, Eulalie parée sans affectation et avec la plus grande simplicité, y étoit toujours accompagnée de la Duegue qui passoit pour sa tante. A peine fûmes nous arrivés que notre Anglais l'ayant apperçu, me tire par le bras et s'ècrie, la voilà.....
Je suis le plus heureux des hommes...
Non jamais tant d'attraits ont frappé ma vue...., Elle est plus belle que la déesse de la beauté...... En la voyant je me sens brûler d'un feu dévorant.... — J'eus de la peine à calmer ses transports. Dès ce mo-

ment il ne fut occupé que de son amour , et ne s'embarrassa plus de l'opéra. A chaque instant il me rappelloit la promesse que je lui avois faite de la suivre. — Pour le contenter je feignis de sortir après le premier acte, et lui fis croire que j'avois donné les ordres nécessaires pour cela, et l'assurai qu'avant peu je pourrois lui donner des renseignemens certains sur l'objet de sa flamme. — Le lendemain je me rendis chez lui: — Je trouvai notre amoureux sur pied, il n'avoit pas fermé l'œil toute la nuit..... Eh bien ! me dit-il, quelles nouvelles ? .... Serai - je le plus heureux ou le plus malheureux des hommes ? — Je répondis que je ne savois pas encore l'adresse de cette belle, mais que j'avois mis du monde en campagne, et que même j'avois promis dix louis au premier qui m'instruiroit le plus promptement, pourvu toutes fois que ce fut dans les vingt-quatre heures. — C'est bien long, vingt-quatre heures ! répliqua-t-il ; il falloit en promettre vingt - cinq , et être instruit de suite. — A ces paroles consolantes je jugeai qu'aisément nous aurions sa fortune. — Nous fûmes le soir à la comédie , mais Eulalie avoit eu ordre de ne pas sortir : nous courûmes tous les spectacles , mais en vain. .... Je crus que la tête tourneroit à mon Anglais : il étoit d'une humeur de diable , il ne parloit que de se brûler la cervelle , si je ne mettois fin à son tourment. Je lui répondis qu'on m'avoit rapporté que la petite personne étoit orphéline , et vivoit chez une de ses tantes qui menoit une vie fort rétirée , excepté pendant le temps du carnaval , où elle donnoit beaucoup de dissipation à sa nièce en la menant aux spectacles et aux bals. Alors je lui proposai d'aller le soir au bal de l'opéra , espérant y rencontrer l'objet de ses désirs. — Il y consentit avec joie , et Eulalie qui avoit le mot , s'y rendit n'ayant qu'un très-petit masque

qui laissoit à notre Anglais la facilité de la reconnoître. — Effectivement, à peine eut-il reconnu ses
amours ; qu'il ne manqua pas de l'a-
border. — Eulalie joua la vertu et
l'innocente ; elle feignit cependant
un air de tendresse pour lui. —Elle
avoit reçu de la nature un don plus
précieux que la beauté même, elle
avoit une voix douce et flexible.
Ses accens alloient chercher l'ame,
l'oreille enchantée entendoit une fée,
et ses yeux voyoient en elle une divinité. — Mylord fut questionné,
elle lui demanda s'il n'avoit pas été
à l'Opéra, aux Italiens le jeudi et le
vendredi. — Il fut flatté qu'elle l'eut
remarqué. — Quant à moi, pendant
tout ce temps je causois avec la
chère tante. Le bal fini chacun se
retira chez soi. — Mylord ravi de
tout ce que lui avoit dit la petite,
me vanta son esprit, son ingénuité,
et m'ajouta que s'il étoit amoureux
d'elle, il croyoit qu'elle en tenoit
pour lui. — Je lui dis que cela étoit

fort heureux, mais ce qui l'étoit davantage c'est que pendant qu'il entretenoit la nièce, moi je faisois la conquête de la tante, et que même j'avois obtenu d'elle la permission d'aller lui faire une visite. Effectivement le lendemain sur les dix heures du matin je le conduisis chez moi. . . . Eulalie jouant le rôle convenu, étoit dans l'accablement de la plus vive douleur, et sembloit mettre tous ses soins à consoler sa tante d'une banqueroute de douze mille francs qu'on venoit lui faire, perte d'autant plus considérable que c'étoit là toute la petite fortune que pouvoit attendre Eulalie. Demandant mille pardons au Mylord, elle regarde à sa montre, et dit être obligée de sortir sur-le-champ pour se rendre chez son notaire, et ajoute qu'une autre fois elle seroit plus heureuse, et n'auroit pas probablement d'affaires si pressantes. — Mylord, donna à plein collier dans le piége.

— Partageant bien sincérément le

malheur de la petite, il en devint plus amoureux, il ne cessa de m'en parler, et voulut réparer cette perte en lui donnant un porte - feuille de 12000 livres de billets de la caisse d'escompte. — Ah ! mylord, m'écriai-je, quelle générosité ! je crains bien que ces dames ne refusent votre don ; mais dans tous les cas vos offres ne manqueront pas de gagner totalement le cœur de votre maîtresse : il me fit confidence d'un billet galant qu'il vouloit joindre à ceux de la caisse. Je ne manquai pas d'applaudir à son idée : nous allâmes chez Eulalie le lendemain matin : nous la trouvâmes à sa toilette, rien ne parut si beau aux yeux de Mylord.... Après avoir analysé les cheveux de celle qui avoit su captiver toutes les facultés de son ame, il la pria d'accepter le porte-feuille en question comme une emplette qu'il avoit faite en courant les marchands de la rue St.-Honoré. — Eulalie le reçut avec grace, et ne l'ouvrit pas en notre présence. A peine fûmes-nous sortis qu'elle écrivit au Mylord la lettre suivante que j'avois moi-même fabriquée. — Je n'aurois pas accepté,

» Mylord, le porte-feuille, si j'a-
» vois su ce qu'il contenoit, je n'en
» ai point parlé à ma tante ; venez
» seul sur les cinq heures, elle sera
» sortie, je veux vous remettre ce
» qu'il contient, et vous gronder
» aussi de la lettre qui y étoit : si
» vous ne venez pas, je me brouille
» avec vous. » —L'Anglais ne manqua pas au rendez-vous, et pour ne le point gêner, je prétextai une affaire, le priant de trouver bon que pour cet après-diner je ne l'accompagnasse point dans ses courses.

Eulalie, d'après mes leçons, fit toute la résistance nécessaire, elle joua on ne peut mieux la novice, c'étoit une fleur à peine éclose.....Il est vrai qu'à sa fraicheur personne n'auroit pensé qu'une main profane l'avoit déjà flétrie. — Elle laissa triompher l'Anglais, ensuite elle

gémit, et fit toutes sortes de sima-
grées propres à augmenter le prix de
sa défaite.

Le lendemain le Mylord me fit
confidence de son entrevue et de sa
victoire. Il se croyoit aimé, et le
premier vainqueur de la petite. Il
voulut lui monter une maison, lui
donner un équipage, et c'étoit bien
là notre affaire ; mais pour mieux
réussir, Eulalie répondit à la proposition qui lui en fut faite, qu'elle
en seroit enchantée, mais qu'elle ne
le pouvoit pas sans le consentement
de sa tante, qui autrement la feroit
enfermer. . . . . . . Alors Mylord me
consulta, et me chargea de négocier
cette affaire. — Le lendemain je lui
rendis compte de mon ambassade,
et lui dit qu'après beaucoup de diffi-
cultés la tante enfin y avoit consentit
pourvu qu'il remit sur-le-champ mille
louis pour placer en rentes viagères
sur la tête de sa nièce, ce qui du
moins lui assureroit un sort pour le
reste de ses jours. — Mylord fut

aussitôt chez son banquier chercher non-seulement les mille louis, mais encore autant pour meubler une maison, et acheter ce qu'il falloit pour loger son idole. Je pris une maison rue Chaussée d'Antin. Mon Anglais au comble de la joie de penser qu'il alloit posséder sa maîtresse, pressoit les ouvriers, et en deux jours tout fut prêt. Eulalie couverte de diamans arriva bientôt dans un superbe équipage qui lui avoit été acheté le matin, et fut conduite avec la pompe d'une nouvelle mariée dans ce petit palais dont l'ornement ne laissoit rien à désirer. — Au lieu de mille louis que je devois employer pour rendre le séjour de sa divinité des plus agréables, j'en dépensai 5oo de plus, et tu sens bien que je ne manquai point de prendre mon *pour boire.* — Occupé du choix des valets qui devoient servir la petite, et comme Mylord ne vouloit que de beaux hommes, je choisis entr'autres l'amoureux de notre nymphe, qui étoit

d'une

d'une taille superbe ; je le présentai à Mylord pour la place de maître d'hôtel ; il fut reçu avec joie, et Eulalie fut contente de mon atten-tion. — On ne peut pas toujours être à Plutus, il faut bien quelquefois être à l'amour.

Cependant ne voulant pas faire connoître à notre Anglais que je l'a-vois trompé en lui donnant un *demi-castor* pour une vertu, j'instruisis de tout Rodolphe, l'amant d'Eulalie, et lui laissai le soin de conduire la barque : il s'en acquitte à merveille, aussi bien que moi-même. Il sait en-tretenir la folie du Mylord, et de bon cœur je fais des vœux pour que cette maladie le tienne jusqu'au ren-versement total de sa fortune. J'ai donné à Eulalie pour compagne, du consentement de Mylord, *Anne Bechette* : elle est fine, adroite, pas assez jolie pour souffler l'entreteneur à Eulalie, mais excellente pour le conseil. Elle a été danseuse à l'opéra, et quoiqu'avec des charmes usés, elle

fut long-temps l'idole des Lyonnais.
En un an de temps elle leur gagna
près de 60,000 francs. Ses nuits
étoient fixées à 15 et 20 louis, et
même plus, suivant l'âge du soupi-
rant ; elle ne donnoit jamais rien
au caprice. Tous les négocians, peu
accoutumés à jouir d'une élève de
Therpsicore, voulurent l'avoir tour-à-
tour ; on étoit, dit-on, *à la queue.*
Plusieurs furent si contens de ses
complaisances et de la première nuit,
qu'ils briguèrent à l'envie la faveur
d'une deuxième, troisième et quatrième. C'est ainsi que Bechette a fait
uue aussi brillante fortune que contre l'ordinaire elle conserve avec le
plus grand soin.

Quant à moi, continue George,
en battant retraite, dix mille francs
ont été le prix de mes intrigues, de
temps en temps il m'arrive quelques aubaines de ce genre, ainsi tu
vois que bientôt je pourrai me re-
poser à l'ombre de mes lauriers.

CHAPITRE V.

Amours du chevalier de Walbé *avec la belle* Hortense, *Fille d'amour chez la dame* Gourdan *, et puis danseuse à l'Opéra.*

JE voulois être sage , je voulois maîtriser mes passions ; mais non , il est un âge où elles brisent tous les freins , et rien ne peut arrêter leur fougue impétueuse. Paris , ce vaste et tumultueux asyle des vices et des plaisirs avoit pour moi des charmes, et je ne pouvois le quitter. Mes moyens étoient bornés , et ne me permettoient pas de tenter les avantures d'éclat : je me contentai donc de partager mon temps entre les spectacles , les soupers qui les suivent , et les nuits qu'on y prépare.

Je n'entrerai pas dans les détails peu intéressans de ces jouissances faciles qui n'ont que le prix du moment et le mérite de l'à-propos. De ces amours de campagne dont le commencement est si romanesques et le dénouement si prompt et si ordinaire. Cependant parmi les avantures de ce genre qu'on ébauche le matin, et dont on est récompensé le soir, il en est une dont j'ai été un des principaux héros, et qui peut fournir quelques réflexions utiles à la jeunesse.

Je soupai un soir chez un de ces riches et fastueux financiers, avec une demoiselle charmante. L'éclat de sa parure me l'auroit fait prendre pour quelqu'un de la première qualité, si je n'avois su à quoi m'en tenir. Grande, belle, ses yeux étoient noirs, et son port majestueux avoit quelque chose d'imposant. Sa robe, leste et légère, étoit garnie toute en dentelle. Dans ses cheveux, artistement arrangés, étinceloient des épin-

gles de diamans, et de superbes boucles brilloient à ses oreilles. La blan-
cheur de son col d'albâtre, de sa
gorge éblouissante, étoit relevée par
une superbe chaîne d'or, et ses beaux
bras, ronds et potelés, étoient entour-
rés d'un magnifique brasselet, orné
de chiffres amoureux. Elle s'appeloit
Hortense; elle avoit fait son apprentissage chez la Gourdan, et étoit attachée à l'Opéra en qualité de danseuse. Depuis quatre ans elle vivoit
aux dépens de la bourse de notre
Crésus. On la distinguoit cependant
de ses rivales. Son ton étoit moins
libre; son éducation paroissoit avoir
été plus soignée, et on lui savoit gré
sur-tout de la violence qu'elle se faisoit pour se mettre au niveau de l'indécence qui combat l'ennui de ces
sortes de parties.

Je ne pus la voir impunément.
Mon cœur fut pris du plus vif sentiment; et, dès ce moment, je résolus
de tout entreprendre, pour me l'attacher. Il fallut se séparer, et je n'ou-

bliai point, comme cela se pratique en ces sortes d'occasions, ce que je savois en fait d'amour, et lui donnai à connoître que je mettrois tout en usage pour lui apprendre l'impression que ses charmes avoient fait sur moi. Je parvins à lui faire remettre une lettre où je l'entretenois de tout mon amour. Mes déclarations ne furent pas aussi bien accueillies que je me l'étois promise ; et dès ce moment, pour mon propre repos, je fus obligée de m'éloigner. Hortense fut étounée de mon découragement, et m'en sut très-mauvais gré. Peu de femmes pardonnent l'indifférence. Celles qui sont vertueuses veulent toujours être à même de refuser, à plus forte raison celles qui n'ont qu'une sagesse de calcul. Hortense n'aimoit point positivement, mais elle auroit vu volontiers dans ses fers un jeune homme qui n'avoit ni, l'innocence de la province, ni une entière expérience de Paris, et dont les vices n'étoient que commencés. Je ne pus cependant ré-

sister à la violence de mon amour,
je revins de la campagne : mais quel
fut mon étonnement, quand, à la
suite de mes démarches, j'appris
qu'elle étoit passionnée pour les femmes !... Quel coup pour mon cœur !
Cependant, sans me laisser abattre,
je résolus de contrarier en elle ce
honteux penchant, et j'entrepris de
lui faire goûter le bonheur d'avoir à
ses pieds un amant tendre et fidèle.
Ce goût affreux, me disois-je, n'existe
que dans la tête des femmes, et non
dans leur cœur. Une meilleure éducation et l'habitude de voir des gens
du bon ton, la corrigeroit infail-
liblement de cette vilaine méthode,
qui est si funeste à leur santé et à
nos plaisirs. Ne pensant donc, ne
rêvant qu'à ma belle Hortense, je
cherchai de nouveau toutes les occasions de me rapprocher d'elle, et
je ne tardai point à voir mes vœux
comblés. Etant un jour chez Mlle.
Hericourt, marchande de modes,
j'entendis parler de mon Hortense,

elle avoit commandé pour le lendemain un chapeau. .... Aussitôt il me
vint une idée ; que l'amour est in-
génieux ! ma jeunesse, jointe à une
taille élancée, la fraîcheur et le co-
loris vermeil de mes joues étoient
tels qu'on m'eût pris pour une fille.
— Aussitôt je prends les habits d'u-
une ouvrière, et la tête recouverte
d'une calèche, me voilà en route,
portant à deux mains un énorme
carton qui contenoit le prétendu
chapeau commandé ; j'arrive, on
m'introduit auprès de ma bien-aimée:
à mon aspect, elle témoigna sa sur-
prise de voir un nouveau visage : je
répondis que ma camarade étant malade, j'avois été chargé de la commission, au surplus, lui dis-je, je
me félicite de l'événement : j'ai bien
vu des dames, des demoiselles, j'en
vois tous les jours, mais je n'ai encore rien vu d'aussi charmant que
vous. — Encouragé par un sourire,
je l'entretins de ces mille et un pro-
pros de circonstance que les femmes

écoutent volontiers quand elles se
trouvent dans un moment d'oisiveté
et qu'elles laissent aussi tomber avec
dédain quand elles se trouvent occu-
pées. La louange est le poison de
l'homme , et à plus forte raison celui de la femme. — J'avois pris le
ton doucereux d'une dévote , ce qui
lui plut infiniment. Elle prenoit du
chocolat , et aussitôt elle ordonna
qu'on en apportât une seconde tasse
pour moi : elle prit plaisir à ma conversation , et me trouva de l'esprit
et de la sensibilité. Dans le courant de
notre dialogue , je lui parlai avec
une franchise attachée au sexe que
je venois d'emprunter. Vous me
paroissez, mademoiselle , lui dis-je,
jouir du sort le plus fortuné tel que
vous le méritez. Cependant je trouve
qu'il manque une chose essentielle à
votre félicité. Je suis fâchée de vous
voir sevrée du commerce des hommes ; c'est la moitié du genre hu-
main pour laquelle nous sommes fai-
es. Pourquoi vous priver de tant

d'hommages que vous recevriez d'eux. Votre amour-propre, ne seroit-il pas satisfait de voir à vos genoux tous ces roués aimables dont abondent, et la cour, et la ville : de venger par vos dédains les autres femmes crédules dont ils abusent tous les jours. — Hortense me répondit en riant, que je ne disois pas vrai, et que j'avois l'air d'une grande libertine. — Non, continuai-je, je vous parle vrai, et je n'ai point d'amant, je suis même conformée de façon à ne pouvoir guère goûter le commerce des hommes ; au contraire j'idolâtre les femmes, entre nous autres nous n'avons rien de caché, je veux même vous montrer quelque chose d'extraordinaire. Ah ! si vous vouliez me prendre auprès de vous comme ouvrière, comme coëffeuse, ou comme femme de chambre, que je serois heureuse ! Comptez que vous n'aurez jamais été si bien servie. Cette liberté, cette aisance de la part d'une subalterne qu'elle voyoit pour la première fois, et qui l'auroit indignée peut-être contre une autre, lui plûrent en moi, sans doute, par une sympathie secrette dont elle ressentoit déjà les effets sans en connoître la cause, sur-tout quand m'approchant d'elle, lui prenant les mains, les caressant, les baisant, je lui dis, allons, laissez vous toucher, soyez ma petite maîtresse, recevez - moi sous votre loi. . . . . Hortense approchoit du moment de sa défaite, et mon triomphe complet alloit m'assurer pour toujours la jouissance de ma belle maîtresse. Elle se sentit dévorée d'un feu plus violent que tout ce qu'elle avoit éprouvé jusqu'à ce moment. Alors ne paroissant encore que céder à la curiosité, elle va à la porte, ferme le verou, et me dit en revenant, voyons donc cette merveille que vous me vantez tant, voyons ce que vous savez faire. — Je jouai un moment de timidité, lui rappellai l'intervalle qu'il devoit y avoir entr'elle et une ouvrière. . . . . .

Je m'étonne moi-même de mon effronterie, mais je l'attribue aussitôt
à l'excès de la passion que m'ont inspiré ses charmes..... Je deviens
plus hardi, je couvre sa gorge de
mes baisers, je lui prends la main,
elle m'examine attentivement.....
Monstre, s'écrie-t-elle, tu es un
homme !.... Cependant retenue par
une force magnétique, elle est sans
défense, ne fait aucune résistance,
et nous consommâmes le sacrifice.
Ayant bientôt repris nos sens, je
voulus jouir d'un nouveau bonheur,
et je lui livrai un assaut si terrible,
qu'elle alloit crier lorsque le plaisir
fit expirer ses plaintes sur ses lévres.
Enfin elle eut le loisir de se reconnoître et de parler. Elle voulut savoir à qui elle avoit eu affaire, et
comment j'avois ourdi cette intrigue. Je lui dis alors mon nom, et
lui rappellai le souper que j'avois
fait avec elle chez le vieux Crésus.
— Confuse elle se couvrit le visage
de son mouchoir, mais point assez

pour

pour que je n'apperçus pas des larmes prêtes à couler. — Ne connois-
sant point encore aux femmes l'heureuse facilité de pleurer, j'étois pé-
nétré au vif du chagrin que j'occa-
sionnois à ma belle maîtresse ; je
parvins cependant à force de soins
à faire ma paix. Je lui demandai s'il
me seroit permis de lui rendre des
devoirs, et de lui prouver combien
j'étois ambitieux de me rendre digne
de ses bontés. — Non, me dit-elle,
à moins que M. Varmont, ce riche
financier chez qui nous soupâmes ensemble, ne vous amène lui-même
chez moi. — Il est quinteux, jaloux,
son ombre même l'offusque souvent.
— M. de Varmont y consentira,
ma chère Hortense, d'ailleurs il n'est
rien que je n'entreprenne pour ne
plus me séparer de vous ; effectivement, conduit et conseillé, par mon
amour, je réussis auprès de mon
vieux millionnaire, je ne saurois
dire trop comment, et dès le soir

Tome II.

même il me mena souper chez l'objet de mes amours.

Hortense étoit du petit nombre de ces femmes dont la jouissance fait d'un goût une passion. La douce fraîcheur de son haleine ; l'élégance voluptueuse de sa taille, la richesse de sa gorge, la beauté de ses formes faisoient d'un plaisir commun, un plaisir entièrement neuf. Jamais femme n'a porté plus loin la magie de la jouissance. Elle avoit le rare et délicieux secret d'inviter la pudeur, où tant d'autres la croyent gênante. Il sembloit qu'on avoit toujours deviné le moment de ses désirs, le sentiment le plus vrai et le plus tendre, persuadoit qu'on avoit tout accordé au cœur et rien à la nature. Je n'étois pas encore assez avancé pour analyser ces gradations. Je jouissois avec ivresse sans connoître la cause de mon bonheur. Car enfin quelques efforts que l'on fasse pour spiritualiser l'amour, il faut avouer que le désir le fait naître, que le plaisir l'alimente, et que l'art de jouir le fixe entre deux êtres qui adorent ensemble le Dieu charmant. Le bonheur de notre liaison dura parce qu'il falloit l'envelopper du voile utile du mystère. Les rencontres amoureuses étoient rares. La nombreuse société d'Hortense donnoit lieu à toute espèce de dissipation, et éloignoit forcément les occasions où nous pouvions librement nous rapprocher. Six mois se passèrent comme un jour, et les seules inquiétudes qui les troublèrent nâquirent de le jalousie que prit Varmont sur différens personnages qu'Hortense recevoit chez elle. Il plaça des espions sur leurs traces, et acquit trop facilement pour son repos, les lumières qu'il cherchoit. Le cœur plein de soupçons et d'amertume, il arrive un matin chez moi, se promène à grands pas, l'œil en feu, le front rembruni, et le désespoir dans l'ame. Je suis trahi, dit-il, mon ami, et je le suis par une femme à qui j'avois rendu, sinon l'honneur, du moins quelques droits à la société, par une femme perfide à qui j'avois livré mon cœur et mon existence entière, et ce qui met le comble à ma douleur c'est qu'il faut que je lui enlève jusqu'à mon estime. Rendez-moi un service, mon ami, ajouta-t-il, allez chez elle, accablez-là de reproches, brisez mon portrait, et dites lui les raisons pour lesquelles je l'abandonne au sort qui venge tôt ou tard les hommes dupes de ses pareilles. Je vous attends ici. Je pars et je trouve Hortense, étendue sur un sopha. Quelle étoit belle ! j'avois peine à croire qu'une créature si charmate put renfermer un cœur si dépravé. Je n'avois pas l'art de me composer, et d'ailleurs il n'est peut-être pas de sensation plus cruelle que la découverte d'une première infidélité. Aussi Hortense lut dans mon ame..... Qu'avez - vous, me dit-elle, vous ou moi sommes nous menacés d'un malheur. — J'ai des choses bien désagréables à vous faire entendre. Vous avez tout-à-la-fois trahi la reconnoissance et l'amour, déshonoré votre choix et votre amant : croyez qu'il n'est pas possible de vous justifier puisque je n'en ai pas trouvé le moyen. — Je soupçonne, me répondit-elle, ce qui a été découvert : j'ai un tort, mais je n'ai que celui-là. Ce tort est de n'avoir pas osé confier à votre extrême jeunesse le secret de ma vie : elle balbutioit et ses lèvres desséchées, lui permettoient à peine de continuer. — J'écoutois tout avec l'impatience d'un homme au supplice qui brûle de retrouver innocent ce qu'il a cru coupable. Hortense se remit cependant et continua en ces termes. Mes premières erreurs m'ont jetté dans un état que j'abhorre, vous le savez, les momens de bonheur dont je jouis sont empoisonnés quand je songe qu'une vieillesse misérable doit remplacer une jeunesse criminelle ; M. Dumont m'a promis de couvrir mes écarts du voile de l'hymen , en voici la preuve ; lisez ; — En même-temps elle me remet une vraie promesse de mariage , conçue dans les formes réquises. — Quel moyen, ajoutât-elle, me reste-t-il, de nourrir la passion d'un seul homme qui peut un jour me faire jouir de quelque ombre de vraie félicité ? Le forcerai-je par des rigueurs ridicules , à force d'être déplacées à m'oublier dans des bras plus complaisans ? et la chimère de la fidélité détruira-t-elle la réalité de mon avenir ? Quant à Francal , puis-je l'éloigner de moi sans manquer à ma probité, à mon honneur. C'est lui qui me recueillit lors de ma fatale arrivée dans cette ville. C'est lui qui me retira de chez la Gourdan, me fit entrer à l'opéra, et me sauva de la honteuse tutelle que la police de Paris accorde aux personnes de notre état ; c'est un ami qui supplée à des besoins qui ne

peuvent cesser qu'à l'aide d'une fortune faite : c'est lui enfin qui ma pro-
curé ces bienfaits reprochés aujour-
d'hui. Qu'on les reprenne mille fois
s'il faut que je sacrifie mon premier
bienfaiteur à une vapeur jalouse,
montée au cerveau de M. de Varmont. S'il m'aimoit réellement, n'i-
gnoreroit-il pas ces détails, où plutôt ne sauroit-il pas ce qu'il en coûte
pour acquitter de cette façon les
dettes sacrées de la reconnoissance.
Quant à vous je me confesse inexcu-
sable. Il est sûr que non-seulement
j'ai obéi à mon cœur, mais que j'ai
presque été au devant de votre insen-
sibilité. Un sentiment trop vif sans
doute, mais dont ce n'étoit pas à
vous à me punir, enleva mon cœur
à M. de Varmont. Je n'ai plus qu'un
moyen, mon cher, d'acquitter ce
que je dois à M. de Varmont, c'est
de ne plus vous voir. C'est mon dernier mot, et j'ose croire par les sentimens d'amitié que vous m'avez

voués, que vous ne refuserez pas de vous y conformer ; autrement vous nuiriez à mon bonheur, et M. Dumont se verroit obligé de rompre l'engagement qu'il a contracté avec moi. — Ne voulant point empêcher le mariage projetté pour Hortense, et qui seule pouvoit fixer son sort, je fis le sacrifice de mon amour, et je me retirai après l'avoir embrassé les larmes aux yeux. Je me séparai d'elle, en jurant bien de ne plus m'attacher à aucune femme. En sortant je rencontrai M. de Varmont qui, impatienté d'attendre, étoit venu au devant de moi ; je lui racontai tout ce qui venoit de se passer. Il fut d'abord tout interdit, et resta quelque tems sans parler ; mais revenu à lui, il s'écria, tant mieux, son bonheur est assuré ; elle n'est plus aussi criminelle que je le croyois..... Eh bien, je veux la voir, et lui prouver combien sa vertu a de charmes à mes yeux. Effectivement il court chez son notaire, et se rend peu de tems après

chez Hortense ; au lieu de lui faire
des reproches, il la combla de présens, et lui remit un contrat de six
mille livres de rente pour lui servir
de dote.

CHAPITRE VI.

Portrait physique et moral de la dame Hecquet ; son origine, sa vie privée et sa mort.

La soif de l'or, le désir de sortir d'une sphère obscure, l'attraction innée chez certaine femme de jouir et de briller à tel prix que ce soit, est le véhicule qui les porte à sacrifier leur honneur, et à en trafiquer comme d'une marchandise courante.

Charlotte - Généviève Hecquet, nâquit à Rouen, dans cette classe où l'indigence et la grossièreté sont un type de famille. La jeune Charlotte, livrée à elle-même dans un âge où elle avoit besoin d'un appui, n'en trouve pas, mais en révanche ses charmes lui frayèrent la grande route du vice. Séduite par un clerc du procureur au parlement, elle oublia dans les bras du *Basochien*, la promesse qu'elle avoit faite à sa maraine de vendre sa fleur, mais les circonstances lui firent fausser son serment, et elle donna cette fois ce qu'elle vendit daus la suite au plus offrant.

Charlotte, comme toutes les filles, eût des aventures : ses galanteries sont inscrites dans les fastes et la chronique des maisons joyeuses. Après avoir été long temps victime d'un libertinage effréné, elle s'occupa de son sort à venir ; elle étoit très-économe, et du fruit de ses épargnes elle édifia une *succursale* d'amour pour cette jeunesse mitoyenne, qui, sans être ni d'épée ni de la haute robe, avoit des sens à satisfaire. Des prêtresses subalternes, toujours actives dans leurs fonctions, étoient à la discrétion du citadin, qui avoit 6 livres ou même 3 liv. à donner à la matrone de cet antre de débauche.

La Hecquet avoit beaucoup d'embonpoint et l'œil peu vif. Elle étoit d'un naturel extrêmement bon.

L'exemple du vice, dit un sage, est le préservatif le plus sûr pour s'en corriger. La Hecquet prouva qu'ayant débuté par une glissade impudique dans le monde, elle devoit en sortir de même. Attaquée d'une passion effrénée pour un de ces coupe-jarrets qui vivent le jour des dupes qu'ils font, et la nuit des fruits de l'incontinence des autres, elle absorba tous ses moyens d'existence. Ses meubles devinrent la proie de quelques créanciers. Réduite à l'état le plus déplorable, vieillie de débauches bien plus que d'années, elle termina sa carrière à l'hôpital, digne retraite d'une déhontée sans pudeur, qui après avoir vecu comme Messaline, devoit naturellement finir comme une prostituée.

CHAPITRE

CHAPITRE VII.

Histoire des amours d'Adeline la Lorraine, ancienne Fille d'amour chez la dame Gourdan, et ses avantures avec l'escroc Derville.

Portrait d'Adeline, extrait du Livre des Béautés de la Gourdan.

ADELINE, dite la Lorraine, est une blonde foncée, âgée de 19 ans, taille de cinq pieds, sa figure ronde, est intéressante; et d'un bel ensemble: elle a l'œil perçant, la tournure agréable, les joues d'un bel incarnat, la bouche fraîche et la peau d'un blanc satiné, sa gorge est superbe, parfaitement ondulée, aussi dure, aussi blanche que l'albâtre, sa jambe est bienfaite. Elle a un bon caractère et

assez d'esprit. Elle est douce, aimable, capricieuse, il est vrai, par
fois, mais du reste complaisante et
bonne enfant.

Amours et aventures d'Adeline, écrite par elle-même.

Je suis née à Remiremont, ville
fameuse par un chapitre illustre de
dames nobles. Ma mère étoit gouvernante d'un de leurs chapelains. Cet
ecclésiastique qui jouissoit de la réputation que donnent les bonnes
mœurs trouva ma mère de son goût.
Le lendemain il lui dit des choses
tendres : *le lendemain* il lui fit des
présens : *le lendemain* il lui fit des caresses : *le lendemain* il lui jura qu'il
l'aimoit : *le lendemain* il le lui prouva;
et je vins au monde neuf mois après
ce *lendemain-là.* — Ma mère voulant ménager la réputation du chapelain, alla accoucher dans la petite
ville de Plombières, où je fus mise
en nourrice. A deux ans on me mit
en pension chez une honnête femme

qui étoit dans le secret, et qui m'é-
leva jusqu'à sept ans. Ce fut alors
que mes petites gentillesses parvin-
rent jusqu'à mon père, qui m'appella auprès de lui, et je passai
pour la nièce de ma mère. Ceux qui
connoissent les usages observés par
tous les chanoines ne furent point la
dupe de ce degré de parenté. Mais
comme il y avoit beaucoup de chanoinesses et de chapelains qui
avoient ainsi que lui des neveux et
des nièces postiches, on feignit de
croire ce que mon père vouloit qu'on
crut. Je reçus une éducation con-
forme à l'état auquel on me desti-
noit, et à quinze ans je savois bro-
der comme une fée, et friser comme
un ange. Madame de Silliague,
chanoinesse, me prit à son service
en qualité de femme-de-chambre :
mon père me vit entrer à regret chez
elle : prévoyoit-il les malheurs qui
devoient m'y suivre ?

Il y avoit un an que j'étois à son
service, lorsqu'elle m'appella un

jour, et me dit, ma chère Adeline, je suis une femme perdue! ... — Qu'avez-vous donc, Madame, lui demandai-je avec inquiétude. — Tu te rappelles bien, ma bonne, d'avoir vu ici le chevalier de St.-Brice. — Oui, répondis-je, c'est un cavalier des plus aimables. — Que trop, ma chère amie, répliqua ma maîtresse; je suis dans un état! ... et j'ai presque dans l'idée que c'est lui.... — Bah, bah, n'allez pas vous mettre cela dans la tête. — J'avoue, répondit-elle, qu'en l'accusant formellement, je crains de compromettre un innocent, mais que veux-tu? J'ai des présomptions que je veux vérifier sur-le-champ; fouille dans ma chiffonière et donne moi mon calandrier *de nuit*. — Ma maîtresse, après avoir combiné pendant un quart-d'heure les dates et les personnes, me soutint que si ce n'étoit pas le chevalier c'étoit un autre, ce qui étoit incontestable. Le grand objet de madame Silliaque n'étoit pas de savoir de qui elle étoit grosse ; mais de cacher son état , et d'ac- coucher avec tout le mystère que les chanoinesses employent ordinaire- ment dans ces fréquentes opéra- tions.

Madame de Silliaque avoit une sœur mariée à Paris. La doyenne du chapitre lui permit d'aller passer une année avec elle. Nous partîmes, mais la prudence ne voulant pas per- mettre que ma maîtresse descendit chez sa sœur qui logeoit au Marais ; elle s'adresse à la dame Gourdan, de- meurant rue des Deux-Portes St.- Sauveur. Cette dame, dont je ne con- noissois ni la vie ni les mœurs, nous relégua dans une petite maison, qu'elle avoit au fond du faubourg St.-Jacques, et qui étoit uniquement destinée à l'usage de plusieurs dames de condition , qui y alloient souvent faire des parties secrètes , ou qui se trouvoient dans la position de ma maîtresse. La Gourdon procura une sage-femme de la discrétion de laquelle

K 3

elle étoit sûre. L'aimable chanoinesse accoucha d'un gros garçon, que je tins sur les fonds de baptême avec le Suisse de l'église. Madame de Silliague étant parfaitement rétablie alla prendre un logement chez sa sœur, et suivit le courant. Un jour je m'avisai de lui faire confidence pour confidence : elle rit de mon état ; mais persuadée de l'embarras où je serois de satisfaire sa curiosité ; elle me demanda quel étoit l'auteur de ma grossesse. Je lui avouai que la Gourdan avoit trafiqué mes appas naissans, sans que je le désirasse trop, et qu'elle me fit passer de la finance au clergé, de l'église au barreau, et de la robe au militaire. Ma maîtresse qui ne vouloit pas que sa sœur s'apperçut de mon état me renvoya chez la Gourdan, où j'accouchai heureusement. Mais cette habile mère-abbesse ne me laissa pas rejoindre madame de Silliague que je ne fusse grosse une seconde fois. Comme je ne cachois

rien à Madame ; je lui fis cette nouvelle confidence à laquelle elle ri-
posta sur-le-champ par un aveu pareil. Que faire ? retourner encore au
faubourg St. - Jacques. En consé-
quence ma maîtresse feignant de partir pour la Lorraine , prit congé de
sa sœur ; et se rendit à la pointe du
jour , fixé pour son prétendu départ,
dans cet asyle suspect où l'on ne
passoit jamais que du remède au
mal. Nous y demeurâmes quatre mois
entiers ; et par un événement assez
singulier , nous accouchâmes l'une
et l'autre le même jour. Notre con-
valescence fut prompte , et nous re-
tournâmes à Remiremont, en laissant
à la France quatre petits citoyens de
plus. A peine y avoit-il un mois
que j'étois de retour que madame de
Silliague m'envoya porter une lettre
secrète à six lieues de distance. Je
fis le voyage à pied pour rendre cette
petite incursion moins suspecte. Ma
commission étant faite , ne devant
partir que le lendemain , je fis une

promenade dans les environs du bourg, où j'étois.

Comme je me reposois assise au bord d'un ruisseau limpide il vint à passer près de moi un jeune homme de 17 à 18 ans, fort aimable: après m'avoir saluée et considérée attentivement, le jeune Isidore, c'étoit ainsi qu'il se nommoit, me fit quelques complimens, me dit des douceurs avec beaucoup d'esprit, et m'en ayant demandé la permission, s'assit à mes côtés. La conversation s'anima par degrés, et aboutit enfin à une déclaration d'amour, dans toutes les règles, je ne me fis point prier, pour l'assurer qu'il étoit payé d'un parfait retour. A peine lui en avois-je donné l'assurance qu'il se jetta à mon cou, m'accablant de baisers pleins de feux, et me jurant un amour éternel. Lorsqu'il se fut un peu calmé, il me demanda avant de me quitter un rendez-vous pour le lendemain à la même heure. Mais je lui répondis que cela n'étoit pas possible , parce que j'étois obligé de partir pour Remiremont. Quoi, ma chere , amie ! s'écria l'adolescent éperdu , vous m'abandonnez au moment où je vous connois : de grace ayez pitié d'un jeune homme qui vous adore, et qui mourra s'il faut qu'il se sépare de vous : émue de ce discours, dont la simplicité de mon amant devoit me garantir la vérité, je m'excusai sur les ordres que j'avois reçues pour retourner sur-le-champ , et je lui promis de revenir dans un mois. — Un mois ! reprit Isidore ! Quoi vous avez la barbarie de me plonger un poignard dans le cœur , en m'annonçant un terme aussi long ! Ah ! si ce voyage est indispensable, permettez du moins que je vous accompagne. Je ne puis, repliquai-je, vos parens m'imputeroient votre absence, ils sont puissans ; je suis sans crédit ; on pourroit bien me faire enfermer sans me laisser le tems de prouver mon innocence. Il me promit de si bien faire que ses parens ne sappercevroîent de rien, son intention étant de leur dire qu'il alloit voir un de ses oncles qui demeuroit à quatre lieues de là : puisqu'enfin, lui répondis-je, vous voulez absolument m'accompagner, j'y consens, vous saurez le lieu que j'habite : et que sait-on, le sort peut-être nous sera favorable. Isidore charmé de ma docilité retourna chez ses parens, et nous nous séparâmes en nous jurant de nous rejoindre le lendemain à la pointe du jour. — Mon nouvel amant passa la nuit dans de douces inquiétudes ; et sa tendre impatience devançant l'aurore, il s'habilla, sortit à petit bruit, et courut au lieu fixé pour notre rendez-vous.

Je ne me fis guère attendre, nous nous mîmes en chemin, mais le mauvais temps nous prit après une heure de marche ; je ne pouvois retarder mon voyage, je plaignois le pauvre Isidore, mais bravant la rigueur de la saison, il ne se plaignit ni de la pluie, ni des chemins : il

ne voyoit que moi, il ne vivoit que
pour moi, toute la nature se seroit
bouleversée qu'il ne s'en seroit pas
plaint tant qu'il me possédoit : les
routes qui mènent aux plaisirs sont
toujours parsemées de roses aux
yeux des amans. Isidore portoit un
petit paquet dont on m'avoit chargé,
et calmoit les ennuis des chemins
par des petits contes qui me diver-
tissoient. Les clochers de Remiremont ne furent pas plutôt apperçus
que nous nous interrogeâmes sur l'é-
tat de nos bourses : j'avois un écu
de six francs, mais mon amant qui
dans l'ivresse de sa passion n'avoit
pas eu le temps de s'occuper des détails itinéraires, étoit sans un sou. Il
voulut vendre ses boucles d'argent,
mais je m'y opposai. — Nous entrâ-
mes dans une taverne sombre, que
je connoissois pour un asyle de l'a-
mour, et là nous nous enivrâmes de
plaisirs. Il fallut nous séparer, nous
nous promîmes des rendez-vous, nous
nous dîmes adieu au milieu des plai-

-sirs et des larmes, et je quittai Isidore, en regrettant les momens de
jouissances que je venois de passer
avec lui.

Je restai au service de madame de
Silliague encore six mois ; elle tom-
ba malade, et mourut au bout de 16
jours de souffrances. Isolée, livrée
à moi-même, j'abandonnai le pays
qui m'avoit vu naître, et je me rendis à Lyon, où je trouvai un nommé Derville, qui avoit été obligé de
quitter la Provence parceque les
magistrats avoient trouvé qu'il possédoit trop l'art de planter les dez
au trictrac, et de filer les cartes.
Ce Derville étoit venu chercher des
dupes dans les comptoirs de Lyon.
Ce jeune escroc avoit une physionomie douce et intéressante qui ser-
voit à ses manœuvres infernales avec
d'autant plus de facilité qu'on le prenoit pour le plus honnête et le plus
doux des hommes. L'auberge où j'é-
tois logée étoit vis-à-vis de l'appartement *garni* que ce faux marquis
occupoit.

occupoit. Il étoit brillant en habits et en bijoux ; cet étalage et les mines qu'il me fit ne furent perdues ni pour lui ni pour moi : la misère et peut-être mon goût me déterminèrent à l'écouter. Je quittai mon auberge pour aller loger chez lui. Mes foibles attraits qu'il exageroit pour cause, attiroient chez nous une foule de négocians, à qui nous servions un souper fin qu'ils payoient bien chèrement. Comme je ne connoissois point encore le caractère de mon nouvel amant, j'attribuois à la faveur du sort des gains immenses qu'il faisoit tous les jours, et je n'étois pas encore assez instruite pour m'appercevoir que, maître du destin, il tenoit la fortune dans ses mains. L'amour que Derville avoit pour moi, l'engagea à me faire une confidence qui le déshonora dans mon esprit, car malgré l'extrême libertinage que je professois depuis long-temps, par goût plutôt que par intérêt, j'aime la probité ; j'ajouterois

même l'honnêteté dans les mœurs ,
si j'avois eu moins de tempérament
et une meilleure éducation. Mais
fille d'un prêtre , et confidente d'une
jolie chanoinesse , pouvois-je valoir
quelque chose ? Mon amant , qui ,
peut-être , croyoit trouver une res-
source en moi , me fit confidence de
ses secrets , et m'avoua qu'il étoit ,
ce qu'en termes de l'art on appelle
un *Grec*. Puis m'étalant un grand fond
d'honneur, il me jura que le sort fortuné lui ayant toujours été cruel , malgré la probité avec laquelle il avoit
joué pendant les premiers années de
sa vie , il n'étoit devenu fripon que
pour se venger de lui , se réservant
de devenir honnête homme aussi-tôt
qu'il l'auroit suffisamment corrigée.
Je vous ai prise avec moi , continua-
t-il , par une inclination que je n'ai
pu vaincre : votre attachement pour
un homme qui vous adore , et votre
esprit ont mérité la confidence que je
viens de vous faire. Les biens que j'ac-
querrai avec vous seront les vôtres ;

j'attends seulement de votre complaisance que vous voudrez bien me
faire le service toutes les fois que
l'occasion s'en présentera. Quel service puis-je vous rendre, répondis-
je. — *Faire le service*, répartit Derville, est un mot consacré entre
nous autres joueurs. Je vais vous en
donner le sens littéral en mêlant le
précepte à l'exemple, manière mé-
thodique et prompte à faire des pro-
grès dans notre art. Je donne ce
soir à souper à un fameux négociant
de cette ville, avec qui je débuterai
par un piquet à écrire ; il faudra que
vous plaçant à côté de lui, vous ob-
serviez en quelle couleur il porte,
et celles qui lui manquent, et vous
ferez snr votre tabatière les signaux
imperceptibles que je vais vous en-
seigner. Mon amant commença alors
l'exercice de la duperie que je saisis
si adroitement qu'à la troisième ré-
pétition j'égalois mon maître. Derville, enchanté de mon aptitude :
m'embrassa tendrement, et se pro-

mit des succès assurés pour la partie du soir. Le négociant vint à l'heure convenue , la partie commença , il voulut que je me plaçasse à côté de lui. Mon amant enchanté de voir la dupe s'immoler d'elle-même , bénissoit le destin ; mais je détestois les fripons , et le sacrificateur devint lui - même la victime. Tous mes signaux furent faux. Quand le Lyonnais marquoit en *pique*, je marquois *carreau*, et quand il portoit en *rouge* je marquois en *noir*. Derville outré, se remuoit dans son fauteuil, en me lançant des regards que le bon négociant attribuoit à la jalousie, et qui étoient l'effet d'un courroux secret. La partie fut à peine finie , que Derville paya les cent louis qu'il avoit perdus , et proposa une seconde partie. Le commerçant la refusa , sous prétexte qu'il aimoit à souper à huit heures. Mon amant sortit pour ordonner qu'on servit , et le Lyonnais faisant le généreux , me fit présent des cent louis qu'il venoit de gagner.

Le souper fut gai. Le Lyonnais, que Derville s'efforçoit à enivrer, voulut absolument garder sa raison, et il s'en servit fort adroitement, après le souper, puisqu'il refusa constamment de jouer. Il est vrai, qu'aussi indiscret que généreux, il fit entendre à Derville qui le persuadoit pour commencer une seconde partie, qu'il n'avoit rien perdu, puisque ses cent louis n'étoient pas sortis de la maison. Mon amant croyant trouver dans ces mots une consolation, laissa partir le négociant, qui promit de nous venir prendre le lendemain pour aller diner à une campagne qu'il avoit sur les bords du Rhône. — Derville en entrant, m'accabla des reproches les plus vifs, et les mieux mérités sur ma maladresse *à faire le service*, et finit par me demander les cent louis. Comme je m'attendois à cette proposition, j'y répondis adroitement en lui observant que le négociant me faisoit les yeux doux, et que si je voulois feindre de ré-

L 3

pondre à ses prévénances , j'obtiendrois de lui tout ce que je pouvois désirer ; mais que s'il venoit à s'appercevoir que ses bienfaits passassent dans une autre main , il discontinueroit ses générosités , cependant si vous croyez que je pense mal, voilà la bourse. — Non, ma chère Adeline, reprit mon amant, qui connoissoit moins les femmes que les cartes, votre idée est juste , nous tenons l'homme , et pour le duper avec plus d'honnêteté , prenez le demain en particulier , et affectez de lui faire reprendre sa bourse , en lui disant que vous ne l'avez reçue que par complaisance. — Je parus adopter ce sentiment ; et je me couchai. Mais Derville qui ne se fioit plus à mon service , passa toute la nuit à préparer des cartes , qui pussent à l'aide de ses doigts , rendre la fortune traitable sans un secours étranger. Ces abominables apprêts me déterminèrent à prendre le parti de le quitter à la première occasion.

Il me semble encore voir ce *Grec*, à qui la canaille de son parti avoit donné le surnom d'*Agamemnon*. Armé de ciseaux, tailler les cartes, racourcir toutes les figures, et frotter ensuite les as avec du savon fin et de l'alun. Le lever du soleil surprit Derville dans cet indigne travail ; le négociant tint sa parole, et vint nous chercher à dix heures. A peine fûmes-nous arrivés à sa campagne qu'il me remit un billet dont je n'oublierai jamais la teneur, il étoit conçu en ces termes : — « J'ai vu
» hier, belle dame, votre manége,
» et j'ai été enchanté de m'apperce-
» voir que loin de partager les es-
» croqueries de l'homme avec qui
» vous vivez, vous avez servi à le
» faire repentir du projet qu'il avoit
» de me duper. Ne prenez pas les
» cent louis que je vous ai remis
« pour un don, c'est une simple
» restitution que je devois vous faire.
» Vos sentimens que j'ai développés
» aisément dans le peu de temps

» que je vous ai vue , me persua-
» dent que vous ne voulez pas vivre
» long-temps avec le scélérat qui
» vous captive : le mot est dur, mais
» j'ai reçu hier en arrivant chez
» moi un signalement de ce joueur
» qu'on peut appeller un recueil
» complet des crimes. Si votre des-
» sein est de le fuir, saisissez l'ins-
» tant où nous jouerons pour vous
» éloigner, mon cocher qui a le
» mot vous conduira à Lyon dans
» une maison honnête, où j'irai vous
» rejoindre ce soir, *Joseph Fleuri.* »

J'ouvris dans le bosquet le billet du négociant : jamais lettre ne pouvoit m'arriver plus à propos. Je cherchois les moyens de m'évader au hasard , et un homme sûr m'offre un asyle où je puis être à l'abri des recherches de mon fourbe. Je ne balançai point sur le parti que j'avois à prendre , et nous n'eûmes pas plutôt diné que , sous le prétexte de prendre l'air dans le jardin , je sortis de la salle où l'on étoit aux prises.

Le cocher qui cherchoit mes régards comprit, par un simple mouvement de tête, qu'il falloit qu'il mit les chevaux au carosse. J'arrivai bientôt, et renvoyai le domestique avec une lettre pour M. Fleuri qui lui exprimoit, dans des expressions peu mesurées l'impatience où j'étois de voir et d'apprendre de lui des nouvelles de Derville. M. Fleuri vint me réjoindre à l'entrée de la nuit avec cinq ou six de ses amis. Cette multitude m'étonna, mais la considération que ces Messieurs eurent pour moi me fit comprendre que l'intention du négociant n'étoit pas qu'on me prit pour ce que j'étois effectivement. — Voilà, Messieurs, dit Fleuri en me présentant, l'honnête personne qui n'a point voulu partager les friponneries du malheureux qui l'avoit séduite, et que nous venons de livrer à la maréchaussée. Le négociant que je pressai de me détailler toute cette aventure, me raconta que ses justes soupçons sur les

friponneries de Derville lui avoient
persuadé que ce *Grec* faisoit usage
des cartes apprêtées , que rempli de
cette idée, il avoit prévenu l'exempt
de la maréchaussée de se trouver dé-
guisé avec quelques - uns des siens ,
dans une maison voisine de la sienne,
et qu'en cas d'événemens ils marche-
roient au signal convenu entr'eux.
Les choses étant arrivées comme il
l'avoit prévu , l'escouade entra , et
se saisit des cartes , qui après un
examen de comparaison avec celles
de la ferme , avoient été trouvées
fausses et altérées. Que les cavaliers
de la maréchaussées et les employés
aux fermes , voulant , pour mieux
cacher leur jeu , verbaliser contre
lui , il leur avoit déclaré que ces
cartes n'avoient été introduites dans
sa maison ni par lui , ni par ses domestiques , et qu'elles ne pouvoient
venir que de Derville , qui niant le
fait impudemment, fut fouillé. Cette
démarche le convainquant tout-à-la-
fois d'avoir escamotté le sixain des

bonnes cartes, et d'en avoir falci-
fié deux ou trois qu'on trouva dans
ses poches, il avoit été arrêté et mis
dans les prisons de Lyon. Telle fut
l'aventure à laquelle je me reprochai
d'avoir donné lieu, quand j'appris
que ce malheureux étoit dans les
fers. — Le lendemain M. Fleuri
me remit généreusement les cent
louis que j'avois voulu qu'il me gar-
dât, quand je partis de sa campagne,
et me conseilla de retourner chez
mes parens; mais les charmes de
Paris m'y ramenèrent. — Aidée de
cette somme, je pris un appartement, et me mit à même de faire
mes petites affaires sans le secours
de personne. Cependant comme je
n'avois pas toute la *rouerie* nécessaire pour faire en grand *l'état*, j'eus
recours à la dame Gourdan, qui me
fit toutes sortes d'accueil, je restai
quelque temps dans son sérail pour
y acquérir le ton et l'expérience qui
m'étoit nécessaire. Cette *mère - abbesse*, affectant beaucoup de bontés

pour moi , elle ne tarda pas à me vendre à un jeune sous-fermier , qui prêtoit sur gage pour ne pas rester oisif. Mais cet homme que je voulois connoître à l'essai : déjà épuisé, avoit recours à des goûts singuliers qui lui méritèrent mon dédain et mon mépris. Sa figure étoit agréable et trompeuse. Mais à l'âge viril , il avoit presque cessé d'être homme, pour s'être trop hâté de l'être , et sous les traits de la jeunesse , il avoit déjà tous les symptômes d'une vieillesse anticipée. C'étoit un de ces mauvais ménagers qui par une folle profusion d'eux - mêmes , ont abusé de la nature , comme d'autres font de la fortune. Ils viennent à nous avec un front couronné des riantes fleurs du printemps, et n'apportent dans le sein des amours que les glaces des languissans hivers. Ce sont des cadavres embaumés chez qui tout est mort , excepté le goût du plaisir qui les fuit sans cesse , et l'inutile désir , père des regrets. Un

pareil

pareil homme ne me convenoit pas, et il eut bientôt son congé.

La première dupe qui remplaça cet agioteur, fût un gros Benet, fils d'un riche marchand d'Augsbourg. Je ne crois pas qu'il soit sorti jamais de la Germanie un plus sot, un plus désagréable animal. Il étoit haut d'une toise, cagneux et roux, bête au dernier dégré, et ivrogne à toute outrance. Ce beau fils, l'espoir et l'idole de sa famille, voyageoit pour joindre aux heureuses qualités, dont la nature l'avoit comblé, celles que l'on acquiert en pratiquant le beau monde. La seule bonne maison qu'il connût dans Paris, étoit celle de son banquier, qui avoit ordre de lui compter tout l'argent qu'il vouloit ; du reste, ses liaisons n'étoient pas brillantes ; elles se bornoient à deux ou trois écornifleurs complaisants, et quelques plastrons des sérails de la *Gourdan* et de la *Florence*. Je m'apperçus avec plaisir, que mesgentillesses l'avoient plongé dans une espèce de ra-

                                          M

vissement extatique, et que c'en étoit fait de sa liberté. Il fût généreux, et moi je ne fus pas cruelle. Il m'entretint d'une manière convenable, et s'empressa à satisfaire jusqu'au moindre de mes désirs. Quoiqu'il soit vrai que les bienfaits d'autrui nous inspirent ordinairement plus d'indifférence que d'amour, peu s'en fallut, qu'à force d'en faire la grimace, je n'en devinsse sérieusement amoureuse. L'habitude nous familiarise, nous naturalise même, si j'ose m'exprimer de la sorte, avec les défauts des gens que nous fréquentons; tout maussade, tout sot qu'étoit mon Augsbourgeois, je commençois a m'accoutumer à lui, et à le trouver moins désagréable, lorsque son bon homme de père, instruit de ses dépenses excessives, car à parler vrai, je ne menageois pas sa bourse, vint lui-même me l'arracher d'entre les bras; ainsi finit mon histoire avec lui.

Un jeune officier aux gardes,

beau comme Adonis, succeda à mon
Allemand, mais ce fut là le tombeau
de mes amours et de mes jouissances.
On connu bientôt notre intrigue,
et les parens de mon nouvel amant,
qui n'étoient pas des plus endurans,
le firent arrêter dans mon lit, et l'en-
voyèrent voyager dans les îles; quant
à moi, pauvre misérable, qui avois
été prise sur le fait, ne pouvant lut-
ter contre la puissance de mes adver-
saires, je fûs volée, pillée, reduite
à rien, et pour terminer le tout, je
fûs renfermée à l'hôpital, sous le vain
pretexte que j'étois une débaucheuse
d'enfant de famille.

Sans appui, sans protection, mon
sort devenoit affreux, lorsque je m'a-
visai d'implorer l'assistance de madame la comtesse de Flinville, sœur
de mon ancienne maîtresse : elle ap-
prit avec peine ma détention, et voulût bien s'intéresser en ma faveur.
Elle écrivit au lieutenant de police,
qui, flatté d'une récommandation,
d'autant plus précieuse, que ma pro-

tectrice étoit une des plus jolies femmes de Paris, ordonna qu'on me rendit la liberté, sous la condition expresse que sous trois jours je sortirois de Paris. Indignée de l'injustice des hommes et fatiguée à l'excès des plaisirs dangéreux du libertinage, après avoir vendu tout ce qui pouvoit me rester, je partis sans regrêt; je n'osai me présenter à ma protectrice, mais je lui écrivis une lettre, conçue en des termes bien propres à lui prouver toute ma reconnoissance.—Retirée dans mon pays natal, où ma vie passée est ignorée, je suis résolue à y vivre au moyen de mon travail, et d'une rente viagère de six cents francs, que le chapelain, qui m'a donné le jour, m'a leguée en mourant.

CHAPITRE VIII.

Portrait physique et moral de la dame Montigny. — Son origine, sa vie privée et sa mort.

La Montigni étoit moyenne de taille, avoit les yeux petits et bleus, elle étoit reconnoissable par deux dents incisives qui lui manquoient, sa taille étoit ramassée; elle a conservé, jusqu'à la fin de ses jours, un air lourd et embarassé. Du reste son ensemble étoit agréable, c'étoit la meilleure femme du monde; chaque jour elle faisoit distribuer aux pauvres une portion de ses bénéfices, gains et épargnes. Elle aimoit beaucoup les jeunes gens de famille, les voyoit avec peine se livrer au libertinage, les aidoit de sa bourse, et

M 3

leur facilitoit les moyens de retourner dans le sein de leurs familles.

La curiosité aime à connoître
l'origine de ces femmes, qui ont
fait époque dans les fastes de la dépravation de leur siècle. On aime
à savoir ce qu'elles étoient, et les
moyens qui les ont amenées à la célébrité, dont elles jouissent. Claire
Montigny, surnommée par les mousquetaires, *Maman*, náquit dans un
petit village des environs d'Amiens.
Elle avoit à peine 35 ans, lorsqu'en
allant à la ville vendre des denrées
de son père, un garde-du-corps
d'une structure *herculique* fait comme Apollon, beau comme Adonis,
vit passer plusieurs fois la petite
Claire sous ses fenêtres : soit hasard,
soit combinaison, il laissât tomber
un mouchoir ; la jeune paysanne
s'empressât de le lui réporter. Le
garde-du-corps accoutumé à brus-
quer en militaire les conquêtes qu'il
vouloit faire, dit à Claire ce qu'elle
ne savoit pas encore, et lui enleva

ce qui vraisemblablement étoit ré-
servé à un lourdaud de mari. La
villageoise retourna chez ses parens
un peu plus tard qu'à l'ordinaire,
elle fut maltraitée, mais la punition
ne la rendit pas plus diligente. Chaque station qu'elle faisoit à la ville,
étoit autant d'*ex voto* pour l'amour ;
enfin à force de mettre des couron-
nes sur l'autel de Vénus, Claire
éprouva que la déesse vouloit doubler
son existence. Elle fut atteinte de
ce mal-aise qui lui annonça qu'elle
alloit devenir mère. Tremblante
pour les suites de cet écart, elle résolut de se rendre à Paris, pour y
ensévelir sa faute. Son amant lui
donna vingt-cinq louis, et Claire
avec cette somme prit le coche d'A-
miens, et fut débarquer rue Git-le-
cœur, à l'hôtel de Montauban. Un
jeune homme de Pezenas, qui arri-
voit de Montpellier, où il s'étoit fait
recevoir docteur en médecine, s'en-
flamma pour les beaux yeux de la
petite Claire : il s'offrit de la soigner

et de présider à ses couches : elle ne fut pas insensible à ses propositions, les accepta, et peu de jonrs après mit au monde un enfant, qu'elle déposa, selon l'usage, aux enfans trouvés. —— Le docteur n'exigea pas d'argent pour ses honoraires, il voyoit dans les appas de sa belle un salaire précieux et plus agréable que tous les trésors du monde, il le demanda et l'obtint. Claire lassée de la fourrure du docteur, lui substitua bientôt un mousquetaire, qui lui donna des meubles, une voiture, et tous les alentours de l'opulence. Soit par inconstance, soit par intérêt, elle substitua au pétulant militaire, l'abbé Coquet, à celui-ci succèda le pésant financier, enfin tous les états passèrent en revue, chez tous elle savoit exciter les désirs, et les faire tourner à son profit. Blasée sur les plaisirs, et voyant sa jeunesse déjà s'enfuir prématurement par les effets de la débauche, elle pensa à se faire un établissement solide, si on peut appeller solide tout ce qui n'a pour base que la dépravation et la corruption. Elle imagina de tenir un sérail, où cinquante prêtresses distinguées par quadrilles, selon la couleur de leurs rubans, étoient à la discrétion de ceux qui les vouloient. Le tarif de leurs charmes étoit fixé, et en cela il existoit une conscience scrupuleuse qui faisoit que les droits de la *Maman* n'étoient jamais fraudés. Les jeunes gens de tous les pays adressoient leurs lettres, hôtel de Montigni, rue du Ponceau. Des officiers allant réjoindre leurs corps, descendoient chez elle, s'y oublioient jusqu'à ce qu'on vînt par ordre du ministre les faire partir pour leurs garnisons. Les orgies les plus lascives, les tapages les plus rédondans étoient les amusemens qu'on s'y permettoit. Les filles d'amour, ayant fait leur choix, et s'étant déclarées pour tel ou tel homme, dès lors ceux qui entroient dans le sallon, respectoient les droits de celui dont l'inclination étoit connue.

Par fois on a vu des commissaires entrer dans cette maison en perruques à trois circonstances , et en sortir en enfant de chœur. La jeunesse turbulente trouvoit plaisant de turlupiner ces désenchanteurs. Le lieutenant - général de police en portoit plainte au roi , mais le roi disoit : *Comment voulez-vous que l'on soit des Catons chez la Montigni ?* — Cette chaste et vénérable mère-abbesse , dans une cause où un mari plaidoit contre sa femme pour cause d'adultère , donna un certificat dans lequel elle attestoit que cette femme s'étoit prostituée chez elle. L'avocat du roi remontra combien il étoit indécent qu'une femme produisit aussi impudemment la preuve de son manquement aux lois et de sa dépravation , il conclut à ce que la Montigni fut condamnée aux peines établies par les lois contre les maquerelles. En effet , elle fut condamnée à être promenée sur l'*Ane* avec l'écriteau infamant de *Maquerelle*, pour se soustraire à toute l'horreur de cette sentence, elle paya 300,000 liv. ce qui la plongea dans la misère.

Cette abbesse de Cythère, après avoir passé par toutes les fillières de la débauche, a terminé sa carrière dans l'état le plus obscur, manquant de tout, saturée de jouissances et couverte de la lépre de l'incontinence ; on l'a trouvée morte dans un grenier de la rue de Rohan.

Un de ses anciens amis venant pour la voir, et la trouvant sur son grabat écrivit sur sa porte :

Pauvre infortunée, si tu passas ta vie dans l'opulence et dans les plaisirs, aujourd'hui tu prouves que le vice isolé ne trouve pas d'ami.

CHAPITRE IX.

Autres détails sur les Matrones, Mères-Abbesses, Marcheuses, et les diverses classes des Filles publiques.

Matrones: terme reçu qu'on a substitué à un mot moins honnête.

Il y a des matrones de plusieurs espèces. Les filles entretenues du plus haut rang ont leurs matrones qui les accompagnent par-tout. C'est une dame de compagnie pour les actrices renommées, ainsi que pour les danseuses ; c'est une nourrice et une entrepreneuse pour les filles pauvres, ou pour ces beautés vagabondes qui vont de spectacles en spectacles chercher des aventures, c'est-à-dire, des soupers.

Les matrones n'ont plus besoin de

mettre

mettre en jeu l'art de la séduction; la licence des mœurs modernes, le goût du libertinage, et la pauvreté, mauvaise conseillère, conduisent tout naturellement une infinité de filles chez elles.

Les matrones, dites 'appareilleuses, font des avances à toutes les jolies grisettes qu'elles apperçoivent. Elles tiennent une sorte de pension plus ou moins nombreuse; et c'est dans leurs maisons que se rendent sourdement les petites bourgeoises et filles de boutique de toute espèce, qui, pour avoir des robes et soutenir leur parure, vont passer la soirée chez les matrones.

L'étendue de Paris fait qu'elles dérobent à leurs parens et tuteurs, l'irrégularité de leur conduite; elles paroissent chastes et honnètes, et n'en ont que l'apparence. Des femmes qui conservent dans le monde tous les dehors de la décence, se rendent aussi dans ces maisons, où le libertinage est fort à son aise.

Tome II.   N

D'autres matrones distribuent des adresses, n'appellent les filles qu'au besoin, et les colportent en fiacre le matin chez les vieux garçons, les hypocondres, les gouteux, les ennuyés et les jeunes gens blazés.

L'expérience leur ayant appris à deviner les caprices et les fantaisies des hommes, elles font jouer toutes sortes de rôles à leurs filles. La marchande de modes devient une petite villageoise nouvellement débarquée; l'ouvrière en linge est une timide provinciale toute neuve, qui a fui la cruauté insigne d'une belle-mère impérieuse. Le langage répond à l'habillement: comme nos plaisirs dépendent beaucoup de l'imagination, les hommes trompés n'en sont pas moins satisfaits.

Viennent ensuite les matrones qui ont entrepris un sérail en grand. Vous y verez ensemble ou tour-à-tour *la façonnée, l'artificielle, la niaise, l'alerte, l'éveillée; l'achalandée, l'émérillonnée, l'éventée, la superbe, la*

folette, la fringante, l'attisée, la pim-
pante. Toutes les nuances sont là :
la mignone, la grasse, la maigre, la
pâle, la tendre, la mutine, et jusqu'à
la boiteuse. Ainsi que dans les haras,
les coursiers ont leur surnom, de
même ici chaque fille a le sobriquet
qu'indiquent sa taille et sa figure.

Des matrones moins achalandées,
ne pouvant avoir ni vastes appartemens, ni lits somptueux : établissent
des sérails plus étroits, où les filles
sont logées, nourries, blanchies.

L'argent qu'elles reçoivent va à la
mère ; celle-ci ne parle que de la reconnoissance qui lui est due ; elle a
décrassé ce troupeau de province et
des campagnes. Toutes lui doivent
ce qu'elles sont. Si elles ont un déshabillé blanc pour porter dans la
maison, un mantelet pour l'été, une
pelisse pour l'hiver, une robe de
soie pour aller *à l'Ambigu comi-*
que, aux Variétés amusantes, à
qui sont-elles redevables de si rares
bienfaits ? Elles devroient porter le

casaquin et le tablier, avoir les mains noires et calleuses, laver les écuelles, coucher avec des rouliers; et les impertinentes ont l'ingratitude de vouloir partager dans le compte ! C'est à elles d'intéresser le coucheur et d'obtenir des rubans: or rubans en style du lieu, signifie la générosité particulière qui s'accorde quand on est content.

Enfin arrivent les infâmes *marcheuses*, vieilles matrones ruinées, échappées de l'hôpital, et ridées sous le poids des vices: ainsi que le boulet des batailles n'a ravi à tel invalide que la moitié de son corps, de même la contagion de la débauche n'a frappé qu'à demi ces victimes décrépites du libertinage. Mais il faut qu'elles vivent encore dans son atmosphère; elles n'en veulent point d'autre. Invinciblement familiarisées avec l'incontinence et ses scènes journalières, elles raccrochent et par instinct et par besoin. Elles marchent pour les filles demeurant en hôtel garni;

celles-ci n'ont qu'une chaussure et un jupon blanc. Faut-il qu'elles exposent dans les boues leur unique habillement? La *marcheuse* affrontera pour elles les chemins fangeux.

Il y a un réglement tacite de police qui défend à toutes ces matrones de recevoir aucunes filles vierges; il faut qu'elles soient déflorées avant que d'entrer dans le lieu fréquenté; et si telle fille ne l'étoit pas, on avertiroit soudain monsieur l'inspecteur.

On rira peut-être de cette dernière phrase : on aura tort; je l'écris dans un sens sérieux. On a voulu établir un certain ordre dans le sein du désordre même, parer à de trop grands abus, protéger l'innocence et la foiblesse, et empêcher que le libertinage trop hardi, rompant tout frein, ne détruise le lien civil, le nœud sacré des familles. Aussi aucun pére n'a de plaintes à faire ; jamais l'inconduite de sa fille n'a commencé dans le lieu suspect :

N 3

c'est un grand point que celui-là ;
et tout observateur qui pense, doit
le remarquer à la louange de la
police.

Ce seroit à un peintre à dessiner
le grain symbolique où seroient re-
présentées toutes les femmes qui font
trafic a Paris de leurs charmes : tra-
çons-en l'esquisse.

Au sommet l'on verroit ces femmes
ambitieuses et altières, qui ne cou-
chent en joue que les hommes en
place et les financiers. Elles sont
froides, elles calculent en politiques
ce que peuvent leur rendre les foi-
blesses des grands.

Immédiatement au-dessous d'elles se verroient les filles d'opéra,
les danseuses, les actrices, moitié
intéressées, et qui commencent à
placer le sentiment où l'on ne l'avoit
pas encore vu.

Ensuite les bourgeoises demi-dé-
centes, recevant l'ami de la maison,
et le plus souvent du consentement
du mari : espèce dangereuse et per-

fide, qui voile et pare l'adultère de couleurs trompeuses, et qui usurpe l'estime dont elle est indigne.

Au milieu de cet amphithéâtre figureroit la race innombrable des gouvernantes ou servantes-maîtresses, cohorte mélangée.

La base en s'élargissant offriroit les grisettes, les marchandes de modes, les monteuses de bonnets, les ouvrières en linge, les filles qui ont leur chambre, et qu'une nuance sépare des courtisanes. Elles ont moins d'art, aiment le plaisir, s'y livrent, ne ravissent point les heures prétieuses destinées aux devoirs de votre état. On les nourrit, on les divertit, elles sont contentes et paisibles. Si elles se permettent un amant à la suite de l'entreteneur; voilà où se borne leur tromperie.

L'œil en descendant saisiroit les phalanges désordonnées des filles publiques, qui garnissent impudemment les fenêtres, les portes, qui étalent leurs charmes lascifs dans les promenades publiques. On les loue, comme les carrosses de remise à tant par heure. Elles seroient pêle-mêle confondues avec les danseuses, chanteuse et actrices des boulevards.

Le dernier gradin plongeant dans la fange montreroit les hideuses créatures du *Port-au-Blé*, de la rue *du Poirier*, de la rue *Planche Mibray* etc.; et le peintre, pour ne pas trop blesser les règles délicates du goût, n'en feroit saillir que la tête. Ici le vice à perdu son attrait, et le frisson qui court dans les veines dit que la débauche sait se punir elle même.

Il est des métamorphoses très-surprenantes parmi ces femmes, et qui les font tout-à-coup changer de place sur le haut gradin pyramidal. Elles montent et descendent, selon que le hasard leur amène des entreteneurs plus ou moins riches. Le caprice, l'engouement, des rapports inconnus font que la petite fille dédaignée la veille, et qu'on ne regardoit pas, est

préférée à toutes ses compagnes.
Elle roule quinze jours après en voiture brillante sur ce même boule-
vard où ses regards sollicitoient
vaiuement des adorateurs. Le com-
mis à quinze cens livres, qui lui
donnoit à souper dans son taudis, la
reconnoit et ne peut en croire ses
yeux.

L'autre retombe dans l'indigence,
après avoir mené un train, et devient dans son abaissement le par-
tage des laquais qui la servoient six
mois auparavant.

Qui pourra deviner les causes de
ces vicissitudes? Qui pourra savoir
au juste pourquoi Mlle. Deschamps
étoit montée à ce degré d'opulence,
qui lui lui fit adopter le luxe insolent dont nous avons déjà parlè.

Une fille d'opéra qui vient de dé-
céder, laisse un mobilier immense:
une somme d'argent considérable.
Avoit-elle plus de beauté et d'esprit
qu'une autre? Non: sortie de la plus
basse classe du peuple, elle eut pour

elle les faveurs de ce destin inconcévable, qui sans cesse élève, abaisse, maintient, renverse ministres et catins.

La populace regrette beaucoup le spectacle de la promenade de l'âne : plaisir que lui donnoit quelquefois un arrêt solemnel du Parlement.

Il s'agissoit de la punition exemplaire de ces matrones, qui, comme le dit naïvement un Jurisconsute célèbre, *font métier de séduire des filles de bonne maison.*

Mais l'exemple tomboit ordinairement sur quelque malheureuse qui avoit prêté son ministère à des filles indigentes. On ne s'attachoit point à celles qui exerçant la profession en grand, avoient servi les goûts fantasques des prélats, des étrangers, et même de quelques philosophes.

Voici une idée de cette promenade, telle que je l'ai vue. A la tête marchoit un tambour, ensuite un sergent armé d'une pique ; un valet conduisoit une âue par la bride ; sur l'animal à longues oreilles étoit montée à reculons la matrone, appareilleuse ou séductrice , le visage tourné contre la queue de la bète ; une couronne de paille artistement rangée ornoit sa téte ; sur son dos et sur sa poitrine pendoit un écriteau en gros caractères, avec ces mots : *Maquerelle publique.*

Imaginez toute la canaille dans le tumulte et l'ivresse de la joie, jetant en l'air ses sales bonnets, et fermant la marche avec des huées et des cris licencieux.

On n'a point renouvelé depuis plusieurs années ce spectacle indécent, qui ne sert qu'à réveiller des idées de turpitude, et qu'à autoriser la populace à proférer des mots sales et grossiers. L'écriteau lu, commenté et interprété, devenoit un scandale, pour les oreilles chastes et pour les jeunes filles innocentes.

D'ailleurs que faisoit la promenade

à cette vile créature ? elle ne sentoit pas plus la honte que l'âne qui la portoit.

Cette misérable osoit sourire à la dérision universelle ; et mesurant de l'œil les croisées qui s'ouvroient sur son passage, elle avoit l'effronterie de dire : *Là, à ces fénétres, au second étage, sont des demoiselles qui font les prudes, et qui n'osent se montrer, car elles ne pourroient me regarder sans me reconnoître.*

Si l'on n'a pas donné plusieurs représentations de cette mascarade, ce n'est pas que l'actrice principale soit devenue rare, mais on a senti que nos Phrinès et nos Laïs ne dédaignant pas quelque fois de se livrer à une complaisance intéressée en faveur de quelques personnages titrés, il étoit inutile de faire tomber le châtiment ignominieux sur une malheureuse errante le long des ruisseaux, et mangeant, par famine, le pain de la prostitution.

Combien plus coupable est celle qui

qui descend du trône de la beauté, pour exercer ce vil et infame métier, et qui immole ses propres charmes à l'avarice ou à l'ambition ! Mais l'être le plus dangereux pour les femmes, c'est la femme même.

Ces matrones bravent toujours avec plus d'audace que les hommes les argus et les agens de la police, parce qu'indépendamment des accointances, elles devinent que leur sexe amortira toujours un peu la rigueur dont on voudroit user à leur égard. Un instinct secret leur dit que, péchant contre elles-mêmes et contre les lois religieuses, elles n'ont pas porté une dangereuse atteinte aux lois de l'État, à celles qu'il veut que l'on respecte par-dessus tout.

Le désordre dont je viens de parler est commun à toutes les grandes villes. Il existe de tous les temps, mais il est aujourd'hui monté à un tel point, qu'il doit attirer l'attention de ceux qui s'occupent du bien public.

Tome II.   O

Les hommes livrés à un libertinage trop ouvert, s'énervent sans aucun fruit. Les femmes se dénaturent, et prennent un tour d'esprit mauvais et pernicieux, qui influe sur les hommes qu'elles fréquentent. Enfin, le spectacle révoltant et scandaleux de la prostitution non voilée, devient une contagion doublement funeste!

L'original *Rétif de la Bretonne* a proposé, dans son *Pornographe*, un plan pour les courtisannes de toutes les classes, au moyen duquel le libertinage, levant la tête dans les carrefours, n'insulteroit pas du moins sous l'œil de la mère et de la fille à la décence publique. Seroit-il donc impossible de l'adopter, au moins en partie, et par des lois nouvelles, adaptées à l'esprit du siècle, de corriger ces vices publics qui entraînent nécessairement la ruine d'une foule d'idées morales?

Il faudroit avant tout recourir aux travaux modernes de la chimie pour tuer, s'il se peut, le venin que lancent

dans le sang de la jeunesse ces femmes qui, sous l'air de Vénus, récèlent les feux empoisonnés de Tisi-
phone.

Cette réforme sera difficile; car
elle demande un esprit juste, et un
coup-d'œil vraiment philosophique:
mais elle devient de toute nécessité.

Non, il ne faut pas qu'une créature séduisante et pourrie, attaque
dans la rue le jeune homme, en lui
montrant des appas propres à échauf-
fer un vieillard, ni qu'elle fasse per-
dre en un instant à son malheureux
père, le fruit de dix-huit années d'é-
ducation et de soins. Non, il ne faut
pas que l'époux, jusque-là fidéle,
rencontre tous les soirs de ces femmes, marchant avec un air de volupté qui ne fut jamais dans la respectable mère de famille. Voilez ces
objets de tentation à tous les regards!
Eloignez-les ! La parole qui sort de
la bouche de la prostituée, et qui va
frapper à deux pas l'oreille de l'inno-

cence, est encore plus dangereuse que ses appas : sa parole affiche le mépris de la pudeur. Si le dernier acte de la débauche est caché, pourquoi le premier ne le seroit-il pas également ? Ce n'est pas le libertinage qui étouffe toute vertu, c'est sa fatale publicité. Administrateurs, lisez sérieusement le *Pornographe* de Rétif de la Bretonne.

CHAPITRE X.

Portrait physique et moral de Henriette de Poissy; son origine, sa vie privée et sa mort.

Henriette de Poissy étoit extrêmement replette, elle avoit la figure *nègre*, presque sans taille, ce qui la rendoit ronde comme une boule. — Elle étoit mal embouchée, juroit à tout propos, et son avarice extrême lui occasionnoit des scènes désagréables ; les jeunes gens prenoient plaisir à tout briser chez elle, afin, disoient-ils, de la forcer à mettre en circulation ses louis d'or. Ses filles d'amour étoient malheureuses et maltraitées.

Le village de Poissy donna naissance à la grosse Joufflue, qui occupa, pendant quinze ans , depuis le rat-de-cave, en épée , jusqu'au boutiquier, qui vouloient hanter les filles de son sérail , rue du Pélican. Les recruteurs du quai de la Féraille étoient les champions qui soutenoient cette académie lubrique. Parfois de jeunes mousquetaires y faisoient sur les minuits des descentes en fiacres ; ayant une suite de 12 à 15 flambeaux , et un détachement de filles, misérables barboteuses qu'ils ramassoient au coin des rues. Ces saturnales avoient lieu en hiver. C'est-là qu'on improvisoit des orgies , qu'on cassoit des meubles, que la garde venoit, qu'on rioit au nez du commissaire , et qu'on bravoit cette milice parisienne, qu'on appelloit les tristes - à - pattes. Le lieutenant de police se fâchoit, mais sa puissance étoit entravée , parce que c'étoient M. le marquis un tel, Monseigneur le vicomte un tel , etc. qui avoient donné 20 coups de bâton au guet. Co........ .... ..nir un jeune homme de qualité pour des pareilles étourderies. Le magistrat se trouvoit baillonné par une duchesse qui lui faisoit entrevoir qu'il alloit compromettre son ministère.

Dans ces circonstances, comme il falloit un exemple, on envoyoit pour un mois la pauvre Henriette à St.-Martin, et ses prêtresses à l'Hôpital. Le temple alors se renouvelloit jusqu'à ce qu'un nouvel incident occasionnât la même correction. Henriette soutint le poids de ses fonctions d'appareilleuse pendant quinze ans ; mais comme elle étoit très-sujette à un excès d'intempérance de boisson, elle passa de ce monde dans l'autre, croyant s'endormir d'une douce ivresse.

CHAPITRE XI.

Aventure du jeune Léon avec Justine, fille d'amour chez la Florence, mère-abbesse d'un Sérail rue de Richelieu. — Danger qu'il court d'être maltraité par l'amoureux-souteneur de ladite Justine.

Portrait de Justine, extrait du Livre des Beautés de la Florence.

JUSTINE, âgée de vingt ans, taille de cinq pieds un pouce, est une brune d'une jolie figure. Son œil est grand, bien fendu, son nez bien fait, sa bouche fraîche et bien meublée, elle a la gorge ferme, et bien placée, la jambe fine et le pied mi-

gnon , sa tournure est charmante ,
et sa démarche noble et aisée. Elle
est gaie , complaisante et a de l'esprit.

Aventure du jeune Léon.

Cette aventure est une leçon pour les
jeunes gens et les étrangers qui fréquentent les lieux de débauche.
C'est le jeune Léon qui la conte à
ses amis.

Au sortir d'un repas, que d'autres,
moins indulgens, appelleroient une
orgie , nous allâmes au spectacle ;
l'assemblée étoit grande , le hasard
me plaça près d'une brune , qui pré-
luda à ma connoissance par un coup-
d'œil connoisseur ; je m'applaudis
de cette rémarque flatteuse , et j'entrepris de réaliser mes espérances.
Un argus femelle s'opposoit à mes
vues , mais il étoit aisé de l'écon-
duire. Je commençai l'entretien par
ces lieux communs qui n'aboutissent

à rien, et dont les oisifs se fatiguent mutuellement. La demoiselle joua la sensibilité avec une merveilleuse facilité..... Son esprit m'enchanta; peu s'en fallut, que dès - lors cette sirène dangereuse n'eût trouvé le véritable chemin de mon cœur.... Le spectacle fini, je proposai de reconduire, mais on me prévint en m'offrant, du consentement de la Duègne, ou *marcheuse*, une place dans une voiture. Je brûlois de desir, aussi acceptai - je avec transport. La route ne fut pas longue; nous arrêtâmes, rue de Richelieu, à une maison superbe, où nous fûmes reçus par une valetaille, splendidement vêtue. Ce luxe m'étonna. — Je donnai la main à ma dulcinée, et nous traversâmes des appartemens d'une richesse peu commune; on m'offrit le souper, j'étois trop amoureux pour refuser : le repas fut charmant, excellente chère, vin délicieux, gaîté vive, et les plus jolis bon mots possibles. Le vin m'excitoit, et je m'a-

perçus qu'il produisoit sur ma belle
convive un effet semblable ; je ha-
sardai un baiser qui me fut rendu
avec un feu..... Ma préoccupation
m'avoit empêché d'appercevoir que
l'officieuse Florence, car nous étions
chez elle, avoit disparu. Le tête-à-
tête m'enhardit, et je la conduisis sur
un lit de repos, là elle me prouva
qu'elle connoissoit son art dans tous
ses détails : Messaline n'étoit pas
plus voluptueuse. Après quelques
momens d'épanchemens de cœur,
je me trouvois au milieu des plus
douces jouissances, quand nous fûmes tout-à-coup ressuscités par un
bruit qui m'effraya..... Une voix,
plus que mâle, demandoit cavalière-
ment l'ouverture de la porte, que j'a-
vois eu le bon esprit de fermer. N'o-
sant parler, je consultai du geste ma
compagne qui ne me répondit qu'en
me serrant à m'étouffer.... Pressé
par la crainte, je m'échappai de ses
bras, et me saisis de mes vêtemens.
Sa frayeur augmentoit mon épou-

vante; elle me conjura de fuir, car j'avois tout à craindre si son *amoureux* me surprenoit avec elle. — Le spadassin, à moitié ivre, redoubloit, malgré les remonstrances de madame Florence; et comme je l'entendois parler de jetter la porte en dedans, je pris bien vîte mon parti.... J'attachai les draps à la croisée, et d'un élan je me trouvai dans la rue, mourant de froid, et jurant de ne plus m'exposer à la colère d'un férailleur, et aux faveurs plus dangereuses encore d'une fille publique.

FIN DU TOME II.